Quim Casas Moliner

T0285586

Redbook   MA NON TROPPO

Diseño de cubierta: Dani Domínguez
Diseño de interior y Maquetación: Gabriel Pérez Conill
Fotografías interiores: Wikimedia Commons / AGE fotostock
Fotografía p.40: Juan Cervera

ISBN: 978-84-18703-34-8
Depósito legal: B-11.147-2022
Impreso por Ulzama, Pol. Ind. Areta, calle A-33, 31620 Huarte (Navarra)
Impreso en España - *Printed in Spain*

ÍNDICE

PRÓLOGO

PRÓLOGO

ZAPPA HOY

¿Cuántas caras tiene Frank Zappa, tanto su obra musical, tan escurridiza y cambiante, como su forma de relacionarse con el mundo, con la industria discográfica, los seguidores, los fans, la crítica, los integrantes de sus bandas y el resto de la comunidad musical?

Muchas, homogéneas pero inabarcables. Enfrentarse al personaje es, directamente, iniciar una aventura rumbo a lo desconocido. Porque aun creyendo que lo sabemos casi todo sobre él, sobre su música, su forma de entender la guitarra eléctrica, idiosincrasia, exabruptos, provocaciones y conflictos, la verdad es que seguimos sabiendo muy poco.

Puede parecer una contradicción, ya que dio muchas entrevistas, teorizó sobre lo que hacía musicalmente hablando, encendió generosas polémicas y sus archivos siguen abiertos, goteando año a año nuevos materiales que había guardado como oro en paño.

Pero Zappa fue un personaje público que supo guarecerse muy bien, seleccionar lo que decía, cuándo y cómo lo decía, y presentar su obra de la forma más conveniente según las épocas, modas y flujos y reflujos del gusto colectivo y la memoria histórica. Memoria, algo que, en materia rock, sigue resultando muy conveniente.

De manera consciente o no, generó una profunda antipatía. Los gestos y comentarios (los árboles) no dejaron ver a veces la productividad y originalidad de su música (el bosque).

Y en ese tópico, el del personaje que no cae bien por guasón, sexista e irreverente contra todos los sistemas –y eso es lo importante, que cuestionó por igual a los burgueses y a los hippies, a los apocalípticos y a los integrados del famoso ensayo de Umberto Eco sobre la cultura de masas–, lo que ha legado musicalmente ha salido perdiendo. En esa cotización de la memoria histórica, sigue estando por debajo de muchos otros nombres, más, menos o tan importantes como él.

¿Machista y políticamente progresista? Zappa vivió confortablemente en la contradicción, aunque corriera el riesgo de que el personaje devorará al artista.

Y, musicalmente, fue muchísimo en ese sistema geométrico en el que tan bien se movió, el triángulo (bizarro) con tres vértices claros: rock, humor y música clásica y de vanguardia. Del *doo woop* a Edgar Varèse sin pestañear. Del blues del delta del Misisipi a la música abstracta sin problema alguno. De la *jam session* blues-rock, con la guitarra como espina dorsal, a la técnica de montaje en el estudio de grabación. De la sátira al lirismo. Del instante puro a la reflexión meditada.

Zappa, a diferencia de otros músicos de su generación, la que empezó a destacar a mediados de la década de los sesenta, acabó teniendo un envidiable control sobre su obra, algo que todos los músicos (y creadores en general) han perseguido y pocos han conseguido.

No era solo un control económico, que siempre es importante para que otros no se aprovechen de tus logros y los rentabilicen. Era un control artístico que le ofrecía la oportunidad de reconsiderar su obra realizando nuevas versiones y remezclas de su imponente legado y seguir editando periódicamente todo aquello que, por una razón u otra, las discográficas no se habían atrevido a publicar.

Es más, acostumbrado a que sus grabaciones en directo fueran lanzadas al mercado sin su aprobación, Zappa comenzó su particular cruzada antipirata en 1991 con el proyecto *Beat the Boots!*, integrado por ocho discos. Dijo entonces: «Estoy contento de robar a los ladrones».

En la época de honor y gloria de este sub-género, el de los vinilos o cintas de casete capturadas en los conciertos por espectadores anónimos, proliferaron en el mercado alternativo muchísimos discos de Zappa hasta que este dijo basta y comenzó a sacar a la luz sus archivos, ya que grababa todas y cada una de las actuaciones que realizaba. Zappa Records, primero en manos de su esposa, después en las de sus hijos, no ha parado de editar compactos con sus conciertos.

Creó cinco sellos propios –Bizarre, Straight, DiscReet, Barking Pumpkin y Zappa Records– y, con ellos, pudo expandir en el pasado, el presente y el futuro –ahora en manos de sus herederos– ese legado cuantioso e inapreciable que pocos otros músicos poseen.

Neil Slaven, autor de uno de los libros sobre su obra, lo definió como un Don Quijote eléctrico. A diferencia del personaje creado por Miguel de Cervantes, que fracasó en su combate desigual con los molinos de viento, Zappa, aunque le costó, acabó triunfando en sus disputas con las compañías de discos.

Fracasó en la política, pero ¿qué se puede hacer contra un gobierno entero que quiere estigmatizar las letras de las canciones de rock porque causan una mala influencia en la juventud? Richard Nixon, Ronald Reagan y George Bush padre fueron algunos de sus objetivos preferidos. Diría que hoy, en general, se recuerda mejor a Zappa que a los tres presidentes republicados de los Estados Unidos. O se le recuerda para bien.

Frank Zappa no ha muerto. Lo podríamos decir, aunque no sea realidad física. Es cierto que de muchos músicos de rock fallecidos siguen editándose discos con tomas inéditas, versiones alternativas, canciones que quedaron escondidas y ese largo etcétera que, no nos engañemos, forma parte también del negocio. Jimi Hendrix, el otro gran guitarrista de la generación de Zappa, sería un buen ejemplo de ese memorial permanente.

Pero el caso que nos ocupa es algo distinto, porque antes de morir, en 1993, dejó bien preparado ese legado: desde entonces, siguen editándose discos suyos con absoluta normalidad, preparados por él en vida o diseñados por sus descendientes. La sensación es que, en definitiva, Zappa sigue estando ahí, como si nunca se hubiera ido, contemplando de qué manera su música sigue generando tantas sorpresas y tantos rechazos, descubrimientos e innovaciones.

Los números, siempre fríos e inflexibles, no engañan. Estando vivo, salieron al mercado, sin contar recopilaciones, una setentena de discos suyos o de The Mothers of Invention. Desde 1993, han aparecido cerca de treinta. ¿Triunfar después de morir? Quizá sí a tenor de los muchos libros sobre él que han aparecido en los últimos años. Sobre él y sobre The Mothers of Invention.

La banda de Zappa. Cierto. Pero también un grupo esencial por sí mismo, inclasificable, imprescindible para entender que pasó en la música rock de los últimos sesenta y primeros setenta, la época en la que se sentaron todas las bases posibles.

Un ejemplo creo que perfecto, por sonido y por actitud: para Zappa el punk ya había surgido en los años sesenta, y cristalizó en el trabajo de los primeros Mothers.

En cuanto a postura antisistema tiene más razón que un santo, aunque el punk, originado a mediados de los años setenta en Reino Unido y Estados Unidos, fuera vampirizado por cuestiones estéticas, devorado y fagocitado como todos los movimientos radicalizados, y Zappa, con altibajos, seguiría bastante fiel a sí mismo.

En este libro se habla mucho de Zappa y bastante de The Mothers of Invention. No es justicia poética. Es la pura realidad. Aunque el grupo en sí, en sus tres etapas más o menos diferenciadas –1964-1970, 1971 y 1972-1975– ocupa solo una década de las tres que abarca la obra *zappiana*, la resiliencia de sus componentes al efecto vampírico del compositor y guitarrista es digna de elogio.

El teclista Don Preston, uno de los muchos –y de los más importantes– que pasaron por el grupo, escribió en la introducción para el libro de Billy James centrado en la primera época de The Mothers que «el grupo era algo más que la música. El grupo era, como decía Frank, una *gestalt*, no en el sentido de la terapia, sino como en la novela corta de Theodore Sturgeon, *Más que humano*, donde sugería que se puede lograr una experiencia de percepción extrasensorial por parte de los miembros de la banda que viven y actúan juntos durante varios años».

Sturgeon fue un influyente escritor de ciencia ficción de los años cincuenta, un tipo de literatura devorada por Zappa y sus colegas. La *gestalt* es una corriente de la psicología nacida a principios del siglo XX y fundamentada en la teoría de la percepción y su relación con el medio ambiente. *Freaks*, indiscutiblemente, y muy cultos.

¿Habría sido lo mismo la música de Zappa sin Preston, Ian Underwood, Jimmy Carl Black, Ray Collins, Roy Estrada, Bunk Gardner, Aynsley Dunbar, George Duke, Napoleon Murphy Brock, Terry Bozzio, Ruth Underwood o los hermanos Tom y Bruce Fowler? Nunca lo sabremos a ciencia cierta, pero nadie nos criticará demasiado por aventurar que Zappa los necesitó tanto a ellos como ellos necesitaron a Zappa.

La historia es la historia, y ahí está, encapsulada en tantos discos y tantos textos. Este libro se hace eco de ella e intenta adentrarse, aclarándolos en la medida de lo posible, en algunos de los misterios que siguen rodeando al Zappa-personaje y al Zappa-compositor-arreglista-guitarrista-cantante, aunque en esta segunda faceta resulte cada vez más diáfano y nada escindido entre sus dos pasiones: hizo rock abstracto y comercial al mismo tiempo, del mismo

modo que realizó música clásica siguiendo patrones puros y acercándolos a consumidores de géneros más populares.

¿Y el legado? Se ha publicado un montón de discos de tributo –un género bastante importante a finales del siglo XX, con auténticos ideólogos como el productor Hal Willner, aunque hoy sea una modalidad algo en desuso– en los que bandas y solistas de todas las tendencias dentro del gran espectro del rock versionan a Tom Waits, Neil Young, Jimi Hendrix, The Beach Boys, Leonard Cohen, The Velvet Underground, The Byrds, Gram Parsons, Bob Dylan, Syd Barrett, Laura Nyro, The Kinks, Grateful Dead, Rocky Erickson, Alex Chilton, Marvin Gaye, Doc Pomus, The Carpenters, The Monks, The Saints, The Rolling Stones o Jeffrey Lee Pierce.

Estupefacción. De estos discos de tributo con bandas anglosajonas no hay ninguno dedicado a Zappa. Sí un par, merecidos, por supuesto, a su amigo Captain Beefheart, con el que, como veremos a lo largo de las páginas que siguen, mantuvo una pugna no real, sino generada por los detractores de uno y admiradores del otro: *Fast'n' Bulbous* (1988) y *Neon Meate Dream of a Octafish* (2003). Un detalle: en el segundo de estos tributos, un grupo creado para la ocasión, Vig ESP, acomete la versión de «Willie the Pimp», el tema que canta Beefheart en el disco de Zappa *Hot Rats* (1969). Algo es algo.

Todo lo contrario que en Europa. Y en concreto en España, donde Luis Miguel González Martínez, más conocido como Caballero Reynaldo y creador del sello Hall of Fame Records, ha consagrado buena parte de su obra al homenaje permanente y persistente al temario de Zappa con la serie *Unmatched/The Spanish Zappa Tributes*, inaugurada con un primer volumen del año 1996 en el que participaron Mil Dolores Pequeños, Siniestro Total, El Niño Gusano, Julio Bustamante, Malcolm Scarpa y el propio González desdoblado como Caballero Reynaldo y como Amor Sucio (por el tema «Dirty Love»).

El tributo y las alusiones *zappianas* las ha proseguido en bandas como The Grand Kazoo, en referencia al álbum *The Grand Wazoo* (1972); discos como *Clásico con twist* (1995), donde aparece pintado y encuadrado en la cubierta igual que Zappa en la portada de *Joe's Garage* (1979), y otros artilugios sonoros del tipo *Traca/Matraca* (2010) y *Marieta y las Jetas/Ruben Demos* (2013), homenajes con sentido del humor a *Waka/Jawaka* (1972) y *Cruising with Ruben & the Jets* (1968).

En el contexto español, también cabe consignar experimentos como el organizado por el saxofonista Perico Sambeat, que el 30 de abril de 2021 protagonizó un concierto con distintos músicos valencianos interpretando temas de Zappa en formato jazz.

En el ámbito anglosajón, el homenaje, la cita y la devoción se reducen, general –e incomprensiblemente– al entorno de sus colaboradores: el grupo The Grandmothers, ideado por exmiembros de The Mothers of Invention, Jean-Luc Ponty con su disco de 1970, la banda de tributo The Band from Utopia –integrada por sus músicos Tom y Bruce Fowler, Ed Mann, Chad Wackerman, Ike Willis, Tommy Mars y Arthur Barrow, y cristalizada en un único disco en directo, *A Tribute to the Music of Frank Zappa* (1996)– o el proyecto *Zappa's Universe* *(A Celebration of 25 Years of Frank Zappa's Music)*, dos conciertos celebrados en Nueva York en noviembre de 1991 con una formación en la órbita de Zappa: su hijo Deweezil, los guitarristas Steve Vai y Mike Keneally, el bajista Scott Thunes, la cantante Dale Bozzio y el coro *doo woop* The Persuasions, entre otros.

Hay algunas excepciones como la de la *big band* neoyorquina del saxofonista Ed Palermo, que ha consagrado cuatro discos a versionar su obra; bandas miméticas –The Muffin Men y los suizos Zapping Buzz Band– y tercetos y *ensembles* que se han acercado a Zappa desde la música de cámara, como The Trio Cucamonga, Meridian Arts Ensemble y Harmonia Ensemble. Incluso un grupo italiano que en 1997 tomó su nombre de un concepto de Beefheart, *Fast & Bulbous*, para interpretar temas de Zappa.

Y existe también un caso singular, y hasta lírico, el de los veteranos The Persuasions, a quienes produjo un disco en 1970, *A Cappella*, y que, tres décadas después, le dedicaron *Frankly A Cappella-The Persuasions Sing Zappa* (2000): una señal de reconocimiento a través del tiempo y del estilo musical que más encandilaba a Zappa, el músico fanfarrón, belicoso, arisco y adusto que se derretía con las dulzonas melodías *duduá*.

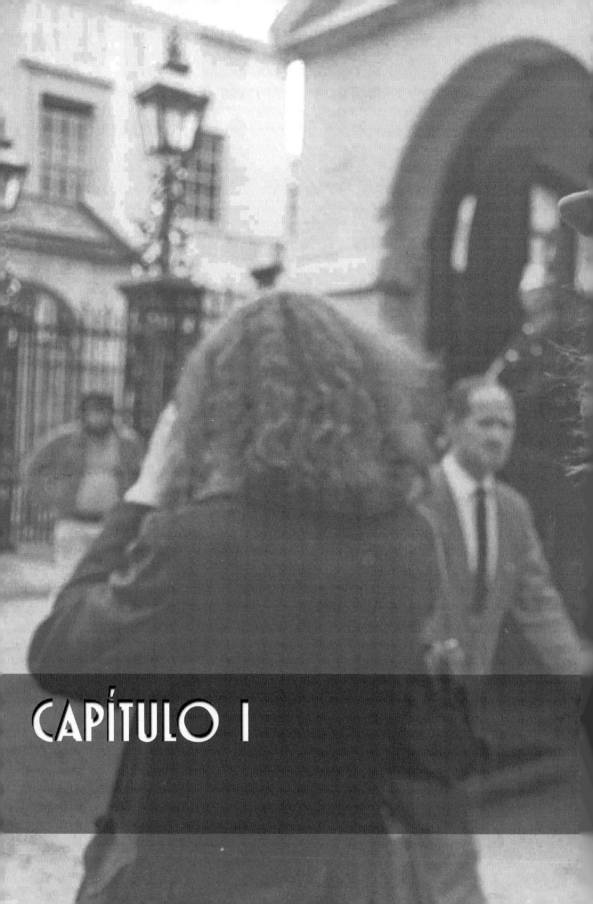

CAPÍTULO 1

FREAK SHOW, FREAK OUT,
LE FREAK C'EST CHIC

I. FREAK SHOW, FREAK OUT, LE FREAK C'EST CHIC

GENTE INSÓLITA

El término en inglés *freak* tiene muchos y antagónicos significados que, empleados en épocas diversas, y siempre en un contexto de cultura popular, van a parar todos al mismo lugar: lo anómalo, extraño, insólito, diferente, desconcertante, provocador, aquello que se aparta de las convenciones y, por ello, puede llegar a inquietar o molestar. También se utiliza como sinónimo de fanático, colgado, fenómeno, monstruo y extraordinario. Etimológicamente, en su terminología más coloquial, la de *friqui* o *friki,* tiene dos significaciones que llevan el concepto hacia interpretaciones casi opuestas: «Que tiene un comportamiento o aspecto raros o extravagantes» y «Que es muy aficionado a una actividad determinada o que la practica con pasión». Podríamos añadir una tercera opción, la que define al *freak* como «representación de unos valores propios que son distintos de los socialmente establecidos», lo que nos encaminaría hacia el pantanoso ámbito de la marginalidad.

La primera definición parece *negativa*. La segunda no, aunque a veces sea utilizada también de forma despectiva: «¡Qué friki eres!», en relación con un entusiasmo desmesurado por algo. De este modo, un forofo de los cómics, por ejemplo, es un *friki* (forma más *suave* de decir bicho raro) solo por demostrar ese apasionado entusiasmo, algo que nunca se dice de alguien sumamente apasionado por la pintura, la ópera o cualquiera de las artes consideradas mayores. Es más, si por ejemplo ese forofo de los tebeos tiene una edad digamos que superior a los cuarenta o cuarenta y cinco años, lo más probable es que sea visto como un *friqui* por otros de su generación que no comulgan con ese entusiasmo y les parece ridículo, cuando no infantil.

Lo mismo podríamos decir de pasiones tan diversas como los videojuegos, el manga, las historias de superhéroes o el fútbol. Incluso hay *freaks* con categoría propia, como los trekkies o fanáticos de la serie *Star Trek* (*La conquista del espacio*); tan potente es el término, y los encuadrados en él como epígonos del fan en la cultura popular, que Trekkie está admitido por el prestigioso y competente Oxford English Dictionary. Con todo, la expresión sigue teniendo, aunque con menos acritud que antaño, algo de peyorativo, lo que nos devuelve a la raíz: siempre desconcierta, extraña, turba, intranquiliza o inquieta lo que se desconoce y no se puede controlar ni etiquetar.

Freaks es igualmente el título de una obra maestra (y maldita durante décadas) que el cineasta Tod Browning realizó en 1932. En España, la película se estrenó como *La parada de los monstruos*: la monstruosidad en su

Freaks, de Tod Browning, una película contracultural que retrató como monstruos a seres «normales».

representación más cotidiana, los dramas comunes, esperanzas, ilusiones e inadaptaciones de un grupo de 'maravillas' de la naturaleza. Son enanos, torsos humanos sin extremidades, individuos con piel de reptil, la mujer barbuda, dos siamesas unidas, el hombre esqueleto, una joven sin brazos y las hermanas con cabeza de alfiler. Este grupo de *freaks,* de anomalías reales, sin trampa ni cartón, vive y trabaja en un circo convertido en espectáculo de barraca de feria para espectadores curiosos y morbosos. Un *freak* era entonces un monstruo, entendiendo al monstruo como extrañeza y excentricidad, que motivaba la repulsa física y el rechazo, además de la curiosidad, la inquietud y el miedo en épocas de incerteza económica y temores atávicos de la sociedad. Pero Browning retrató como auténticos monstruos a quienes son corporalmente «normales» y se muestran incapaces de aceptar la diferencia. *Freaks,* la película, era desde su misma génesis una propuesta tan contracultural como lo sería después la escena *freak.* De hecho, durante su rodaje, se produjo el mismo rechazo: el equipo de intérpretes y técnicos se negaba a comer en la misma sala con los seres con taras físicas reclutados por Browning a lo largo y ancho de los Estados Unidos.

Si vamos al otro significado de la palabra, el del comportamiento y el aspecto, alguien con ademanes extravagantes que hace cosas raras también es considerado un *freak.* Y en la acepción que nos interesa y ocupa, la de la

escena, movimiento o subcultura de los años sesenta denominada *freak,* asociada a ciertos radicalismos de izquierdas y al *underground,* y situada musicalmente como el engarce natural entre el estilo clásico hippy y el pre-punk, Frank Zappa se revela la piedra angular de aquella escena artística. Muchas veces, los términos *freak* y genio han sido utilizados como sinónimos: «¡Este tío es un genio… Vaya *freak*!»

En algún momento circuló el rumor que Zappa pensaba presentarse a la presidencia de su país.

Zappa fue lo uno y lo otro, sin diferencias, alguien que desconcertó y provocó, innovó y experimentó.

The Residents, un colectivo de arte pop estadounidense de principios de los años setenta.

Aquella escena musical, después recuperada en términos conceptuales por bandas como The Residents, tuvo su momento de esplendor entre 1965 y 1968. Una escena cuyos integrantes equivalían a crítico y airado, algo bien distinto al carácter físicamente monstruoso con que eran definidos los *freaks* reales de la película de Browning. La palabra ha continuado mutando para demostrar su riqueza significante, pero siempre ha seguido asociada a una cierta anomalía, a la diferencia, en definitiva. *Freaks* han sido dibujantes de cómics como Bernie Wrightson –autor de una especie de reconversión del film de Browning al lenguaje de la historieta con Feria de monstruos (1981; *Freaks Show* en su título original)– y otros directores como Tim Burton, cuya exposición de un mundo bizarro, el protagonizado por personajes reales o imaginarios como Pee-Wee, Vincent, Bitelchús, Eduardo Manostijeras, el cineasta Ed Wood o el superhéroe Batman, estaría en total sintonía tanto con *La parada de los monstruos* como con el espíritu libre de la música de aquellos años sesenta. *Freak* es, en lenguaje coloquial, aquel que hace cosas o tiene actitudes excéntricas. Hasta existe una excelente tienda de cómics y libros en Barcelona llamada Freaks. *Barcelona Freak Show* es el título de un libro de Enric March que repasa la historia de las barracas de feria y los espectáculos ambulantes en Barcelona desde el siglo XVIII hasta el final de la guerra civil española.

También hay una parte muy vulgar, la del *friquismo* como manifestación estricta e impúdicamente comercial. Este es un terreno mucho más resbaladizo debido a la vulgarización que, en muchos países, incluido el nuestro, se ha hecho del *freak* convertido en criatura esperpéntica. A través de determinados programas televisivos (*Crónicas marcianas*) y películas (*FBI: Frikis buscan incordiar*), personajes como Carmen de Mairena, El Pozí, Paco Porras, El Risitas o Josmar han llegado a ser figuras mediáticas de las que todo el mundo podía reírse, devueltas al arrabal de la miseria cuando han dejado de tener gracia. Pero olvidemos esto y centrémonos en una cierta poética reivindicadora. En 1991, Alex Winter y Keanu Reeves protagonizaron una comedia fantástica bastante friki, *El viaje alucinante de Bill y Ted* (*Bill & Ted's Bogus Journey*), dirigida por Peter Hewitt. Dos años después, Winter codirigió e interpretó otra comedia de indisimulado título, *Freaked* (1993), parodia-homenaje a *La parada de los monstruos*. En 2020, convertido en documentalista de cierto prestigio, Winter cerraría su particular ciclo *freak* realizando *Zappa*, metódico retrato del músico a partir de material de archivo y entrevistas con sus familiares y colaboradores.

MONSTRUOS CONTRACULTURALES

Los hippies menos pacifistas (alejados pues de la ideología del *flower power* y del signo tan icónico de la paz y el amor), los poetas decididos a taladrar el sistema con la música y una actitud determinada frente a la misma, aquellos que canalizaron el *rock'n'roll* tradicional hacia la diatriba social, los que desafiaban con sus vestimentas y cabellos largos, los que incordiaban y atacaban con humor caustico y música vitriólica los conformismos y conservadurismos, se dieron en llamar *freaks* o *freakies*. Podía parecer un mote cariñoso para unos 'monstruos contraculturales' que crearon sus propias pautas de comportamiento, ya fuera en la apacible localidad británica de Canterbury, de donde surgió el llamado planeta Gong del irreductible Daevid Allen, o en am-

bas costas de los Estados Unidos con músicos como Zappa, Captain Beefheart, The Fugs, Kim Fowley o los ácidos humoristas Lenny Bruce y Lord Buckley.

LOS OTROS FREAK

The Fugs fueron pura contracultura. Formados en Nueva York en 1964 por los músicos, poetas y activistas sociales Ed Sanders y Tuli Kupferberg, muy asociados al movimiento *beat*. Tomaron su nombre de la novela de Norman Mailer *Los desnudos y los muertos*, publicada en 1948. En sus actuaciones satirizaban sobre todos los estamentos del poder y se significaron en contra de la guerra de Vietnam.

Kim Fowley navegó por las orillas del *underground* y aunque, como productor, catapultó a bandas de pop-punk setenteras como The Runaways, donde empezó Joan Jett, también grabó a su nombre sombríos discos de culto sicodélico como *Love Is Alive and Well* (1967) y *Born to Be Wild* (1968). En el segundo versionó la gran canción rock de la época, la que daba título al disco, grabada originalmente por Steppenwolf y convertida en

Easy rider (Buscando mi destino).

himno gracias a su inclusión en la banda sonora del film *Easy Rider (Buscando mi destino) (Easy Rider*, 1969), de Dennis Hopper.

De Lord Buckley (Richard Mirley Buckley), comediante y monologuista menos conocido que Lenny Bruce, se manifestaron deudores gente tan diversa como Tom Waits, Ken Kessey, Robin Williams, Zappa y el propio Bruce. Bob Dylan llegó a definirle como el predicador del nuevo *be bop*, en un acertado juego de palabras entre el fraseo de esta corriente del jazz y la locuacidad verbal de Lord Buckley. En cierto modo, en sus actuaciones de los años cincuenta, su mejor década, sentó algunos precedentes de la generación *beat* y del movimiento *freak*.

De Lenny Bruce, poco que decir. El gran autor del *stand up*, hoy tan en boga en todo el mundo, arremetió contra todo y contra todos y fue detenido y condenado por obscenidad el 4 de octubre de 1961, por haber dicho durante una de sus actuaciones la palabra *cocksucker* (título, después, de un documental de Robert Frank de 1972 sobre los Rolling Stones). No dejó títere con cabeza en cuanto a política, sexo, religión e instituciones públicas. Dustin Hoffman le interpretó en el film de Bob Fosse *Lenny* (1974), y el productor Hal Willner recopiló muchas de las grabaciones de sus shows en la caja de seis compactos *Lenny Bruce. Let the Buyer Beware* (2004).

Musicalmente rompieron muchas normas, deslizándose por las estructuras del rock y del jazz y extrayendo de ellas una curiosa amalgama de sonoridades nuevas, alucinadas, a veces chirriantes, siempre imprevisibles, tan impactante en las grabaciones en disco como en los conciertos y *happenings* que proliferaron durante la segunda mitad de los años sesenta. En el plano ideológico, crearon el suficiente malestar con unos furiosos e incluso esperpénticos textos que podían conjugar los aullidos proféticos de la *beat generation* capitaneada por Allen Ginsberg y William Burroughs, y los juegos de palabras que tenían como diana explícita el confort burgués, el capitalismo y sus disimuladas ramificaciones. Fue Zappa quien acuñó el despectivo e hiriente término de *plastic people*, en el que tenían cabida desde la extrema derecha y los votantes conservadores hasta los hippies más necios. Fue Zappa quien, en los años ochenta, más y mejor arremetió contra Ronald Reagan cuando este, durante su largo mandato presidencial (1981-1989), intentó imponer ciertas normas de censura al rock por cuestiones relacionadas con el sexo o el satanismo. Zappa compareció en el Senado en 1985 y circuló el rumor de que no le disgustaba la idea de presentarse a la presidencia del país. Si un actor tan mediocre como Ronald Reagan había llegado a la Casa Blanca, ¿por qué no podía hacer lo mismo un buen músico de rock como él?

Quizá hoy, en la tercera década del siglo XXI, veamos todo lo relacionado con el concepto *freak* como una simpática anormalidad, un mundo distinto al que nos acercamos con una mezcla de curiosidad, interés y, por qué no, voyerismo, lo mismo que les ocurría a quienes acudían a los espectáculos de feria itinerantes para ver a las gentes retratadas por Browning, a las mujeres barbudas o al hombre elefante. Algo de eso hay cuando nos adentramos en la música que hicieron Zappa y compañía a mediados de la década de los sesenta. Buscamos la diferencia, lo inesperado, todo lo que aún pueda sorprendernos, conscientes, o no, de que a veces, en la excentricidad, la provocación y la ironía subversiva, se encuentra la verdadera canalización de las nuevas ideas artísticas, de la ruptura y la exploración sin cortapisas. En la música pop esto siempre ha sido muy claro, cuando no rotundo: el *glam* rock de la primera mitad de los setenta y el punk del último tramo de la misma década también fueron inicialmente absolutas excentricidades o rarezas repelidas por las clases bien pensantes y más conservadoras, y aquí encuadraríamos público, críticos, emisoras de radio e industria discográfica, aunque esta última pase de cuestiones ideológicas cuando el pastel comercial rezuma beneficios. Lo mismo podría decirse de fenómenos más minoritarios como el representado por The Velvet Underground a mediados de los sesenta, con su música hiriente y convulsa y los textos de Lou

Reed sobre chaperos, putas, travestis, heroinómanos y camellos, el lado salvaje de la vida en las aceras de Nueva York (una metodología musical y literaria cuestionada, curiosamente, por el propio Zappa). Esa repulsa general, a veces simple indiferencia, hacia los fenómenos de ruptura pop quizá no era tanto por la música en sí misma como por la actitud, ya que la estética y la ética del *glam* se apuntalaron en la revolución homosexual, las promesas y deseos de la bisexualidad, los trajes de lentejuelas, las botas de plataforma y el artificio visual del desdoblamiento, y en el punk rock resaltaron actos provocadores y después icónicos como los cabellos en punta, los cráneos rasurados a lo mohicano, la cazadora de cuero rota, el imperdible y el escupitajo en los conciertos. Pero lo que impusieron en su momento de David Bowie a Johnny Rotten, y el poso que dejaron, tiene un valor histórico incontable e incontestable.

LOS CONVULSOS SESENTA

En este contexto, el que va del *freak show* de *La parada de los monstruos* a la música de *Freak Out!*, el disco con el que Zappa y The Mothers of Invention debutaron en 1966, o el movimiento *freak* como acicate contracultural y protesta artística, nuestro hombre se erigió en lo más parecido a una figura totémica, empequeñeciendo a otros gigantes con los que llegó a colaborar, caso evidente

The Mothers of Invention.
En la imagen: Roy Estrada, Frank Zappa, Don Preston, Jimmy Carl Black y Bunk Gardner.

del Captain Beefheart, alias de su amigo y colaborador Don Van Vliet. Su ideario explotó en un momento en el que la sociedad estadounidense, bajo el mandato de un presidente del Partido Demócrata, Lyndon B. Johnson, se debatía internamente por la segregación racial, la crisis de los misiles de Cuba, el magnicidio de John F. Kennedy, el conflicto de Vietnam, los brotes pacifistas, los Panteras Negras, la Nación del Islam, los derechos civiles, la experiencia lisérgica, la pronta asunción del movimiento hippy por parte del sistema –algo que siempre combatió Zappa con lucidez y precisión en su definición de la *gente de plástico*–, la renuncia de Muhammad Ali a ser reclutado por el ejército para combatir en Vietnam, las protestas contra las pruebas nucleares y los estertores de la guerra fría tal como había sido concebida al finalizar la segunda contienda mundial.

Después, aquel panorama volcánico, con la mecha siempre a punto de prender por cualquier acto o declaración, se enrarecería aún más con los asesinatos del senador y candidato a la presidencia Robert Kennedy, del activista por los derechos civiles Martin Luther King y de la actriz Sharon Tate, esta, además, a manos de integrantes de la secta de Charles Manson –el fin del sueño de la contracultu-

ra–; por la Convención Nacional Demócrata de Chicago en 1968, las revueltas universitarias en pleno apogeo del mayo del 68, las contradicciones ideológicas de un macro-festival como el de Woodstock, los hechos violentos acontecidos en el festival de Altamont, la corrupción política después desvelada en el caso Watergate que finiquitó la trayectoria presidencial de Richard Nixon o, en positivo, el gran éxito cosechado por una pe-

Mayo del 68.

lícula hippy e independiente como *Easy Rider*, que, unido a un cambio propulsado desde las entrañas de Hollywood con films como *El graduado* (*The Graduate*, 1967) de Mike Nichols o *Cowboy de medianoche* (*Midnight Cowboy*, 1969) de John Schlesinger, acercaban el cine norteamericano al tipo de espectador que había perdido, el más joven, demandante de películas que hablaran más de su realidad que de cosas absurdas del pasado. La música popular, contrariamente al cine, continuaba pulsando esa realidad rugosa y apremiante a los dos lados del Atlántico: The Jimi Hendrix Experience, Velvet Underground, Jefferson Airplane, Grateful Dead,

Frank Zappa, ídolo a su pesar.

Buffalo Springfield, Bob Dylan, The Byrds, The Doors, Stooges, MC5, The Who, The Kinks, Sly & The Family Stone, Lovin' Spoonful, Love, The Rolling Stones… y, por supuesto, las Madres del Invento (o Madres de la Invención) de Zappa.

Época convulsa, atractiva y también violenta, que propiciaba, sin duda, el caldo de cultivo ideal para un nuevo discurso ideológico vehiculado a través de nuevas formas musicales que ya no partían del rock clásico, sino que conjugaban elementos procedentes también de la música negra, la clásica y la concreta, de Edgar Varèse o del free jazz. Zappa, atento a todo y a todos, tocó muchas teclas: músico autodidacta, compositor, arreglista, letrista, guitarrista, cantante, productor, ingeniero de sonido –aficionado a superponer capas de las distintas tomas de un mismo tema grabado en estudio y en directo hasta obtener la versión definitiva–, dibujante, cineasta, polemista… En su juventud, Francis Vincent Zappa fue una verdadera esponja capaz de absorberlo todo. Su padre tenía una nutrida colección de discos de música clásica y por la

radio escuchaba mucho *rhythm'n'blues*, *doo woop* (el estilo cantado que tanta influencia tendría en sus posteriores arreglos vocales) y música negra en general: los guitarristas Johnny 'Guitar' Watson (blues, soul y funk) y Howlin' Wolf (el blues al estilo de Memphis) serían determinantes en su evolución, pero una de las obras fundamentales en su primera formación fue «Ionisation» (Ionización), pieza de Varèse escrita entre 1929 y 1931 para ser ejecutada por trece percusionistas.

LA INFLUENCIA DE EDGAR VARÈSE

Edgar Varèse.

«Ionización» fue una de las primeras composiciones escritas para percusión sin afinación que se interpretó en una sala de conciertos. No es de extrañar que el carácter rupturista, y de provocación con el modelo tradicional de la música clásica, de esta singular pieza del compositor vanguardista francés Edgar Varèse (1883-1965) gustara tanto a un iconoclasta como Zappa. Se estrenó el 6 de marzo de 1933 en un concierto celebrado en un anexo del Carnegie Hall neoyorquino, con dirección de Nicolas Slonimsky, director de orquesta, pianista y musicólogo estadounidense de origen ruso. El título de la pieza hace referencia a la ionización de las moléculas.

Zappa tuvo conocimiento de esta pieza cuando apenas tenía diez años, al leer un artículo sobre una tienda de «discos raros» de Nueva York que promocionaba –o mal promocionaba– el disco de Varèse como un revoltijo de tambores y otros sonidos desagradables. Su objetivo a partir de entonces fue conseguir el disco. Después, aseguraría que era el primer vinilo que se compró –una copia de 45 rpm por tres dólares con ochenta centavos, hallada en una tienda de La Mesa, en San Diego, en la cubeta de saldos–, aunque no hay pruebas fidedignas de ello.

La primera grabación de la obra, llevada a cabo por el sello Columbia en 1933, incluía el sonido de yunques, güiros latinos, bloques de madera chinos, gongs, cencerros, castañuelas, panderos, cascabeles, bombos, tambores, platillos, bongos, claves, maracas, látigos, campanillas, triángulos y sirenas (estas manipuladas por el propio Varèse). En el triple CD *Complete Works of Edgar Varèse Volume 1* (Cherry Red Records, 2018) se incluyen cuatro versiones de la pieza, una a cargo de Juilliard Percussion Orchestra registrada en mayo de 1950, otra de The American Percussion Society de 1957, una con dirección de Robert Craft de 1959 y la original de Slominsky del 6 de marzo de 1933.

Al cumplir los quince años, Zappa consiguió el teléfono de Varèse, quien vivía en Nueva York, y le llamó. Nunca llegaron a conocerse físicamente, pero Zappa no dejó de interpretar la pieza en directo, como hizo el 9 de febrero de 1983 en el War Memorial Opera House con el San Francisco Contemporary Music Players.

Los arreglos de música académica y de cámara de Igor Stravinski se combina-
ban agitados en la mente febril del joven Zappa con las melodías y ritmos de la
música negra. La combinación de influencias ha sido históricamente algo normal
en la música pop y rock, pero a mediados de los sesenta, cuando Zappa comenzó
a actuar y grabar de manera normalizada, su mezcolanza estilística resultaba en
todo caso mucho más abierta y radical. Así se gestó, poco a poco, con coherencia,
una larga historia, musical y política, a través de la cual emerge un artista inusual,
alabado y vapuleado a partes iguales, de esos personajes que no deja a nadie
indiferente y que es capaz de representar al ala progresista estadounidense, ser
cuestionado por la extrema izquierda alemana o aupado a la condición de icono
cultural por Checoslovaquia y otros países centroeuropeos. Un guitarrista revolu-
cionario, un artista político, un polemista con no pocas contradicciones y zonas
oscuras; músico reflexivo a la que vez que personaje público. Alguien que distor-
sionó los sonidos de la guitarra eléctrica mientras de su boca surgían diatribas
contundentes sobre unos Estados Unidos sexualmente reprimidos y socialmente

castrados, el país al que habían despertado de golpe de su inocencia con el asesinato en Dallas de John Kennedy en noviembre de 1963. Podrá fascinar, gustar, molestar e incluso irritar, pero desde luego, no ha habido en la historia de la cultura rock nadie como Frank Zappa.

Su música representó el espíritu de una época. Es más, esa época sin Zappa probablemente habría sido muy distinta.

Así que, si lo desean, pasen y vean, como diría el maestro de ceremonias de un *freak show* de antaño anunciando a un torso sin extremidades, un hombre elefante o una mujer barbuda, y observen tantas monstruosidades como maravillas tiene el mundo.

Aunque Zappa, siempre socarrón, siempre provocador, prefería decirnos *freak out!*, que en castellano podemos traducir como ¡alucina!

Al fin y al cabo, ya lo expresó Chic, la banda de Nile Rodgers que revolucionó la música disco en los años setenta, en su canción "Le Freak": «Ah, *freak out! Le freak c'est chic*».

CAPÍTULO II

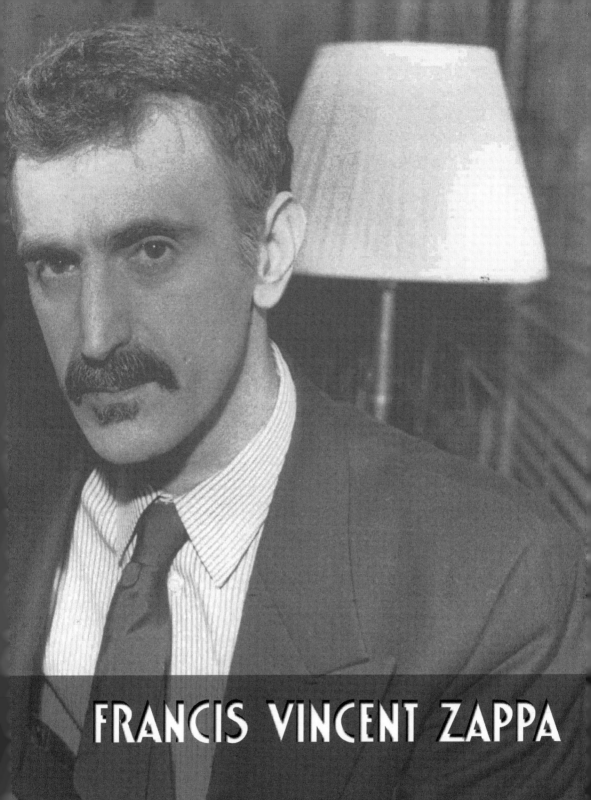

FRANCIS VINCENT ZAPPA

II. FRANCIS VINCENT ZAPPA

NACIDO EN BALTIMORE

F rancis Vincent Zappa nació el 21 de diciembre de 1940 en Baltimore, en el estado de Maryland, y falleció en Los Ángeles el 4 de diciembre de 1993, dos semanas antes de cumplir los cincuenta y tres. Tenía cáncer de próstata. Su ciudad natal se le quedó rápidamente pequeña, y eso que es una localidad excelente para la creación subversiva. Allí nació también el director John Waters, cuyas películas han representado una visión realista y deformada a través del humor de ciertos barrios y personajes de Baltimore. Sobre el papel, a Zappa no debería disgustarle en absoluto un film de Waters como *Pink Flamingos* (1972), oda incandescente al mal gusto en el que su heroína es una *drag queen*,

Francis Vincent Zappa.

Divine, que come excremento de perro, ha sido considerada por un periódico local la persona más inmunda del mundo y vive rodeada de *freaks* de lo más auténtico. Tanto el cineasta como el músico se acercarían a la realidad que les envolvió cortándola con un bisturí más fino o grueso, según los estados de ánimo, siempre con un gran sentido del humor corrosivo, la ausencia de prejuicios y la crítica a la moralidad imperante en la sociedad norteamericana. En Baltimore acontece la acción de *The Wire* (2002-2008), de David Simon. Es otro contexto, el de la ficción televisiva de carácter naturalista en torno al negocio de las drogas y las actividades policiales, pero ahí está de nuevo Baltimore como prover-bial centro creativo. Musicalmente, la localidad ha sido cobijo tanto de bandas de ragtime y góspel como de punk. De ella proceden en las últimas décadas grupos o solistas de *indie rock* como Animal Collective, Beach House, Panda Bear y Wye Oak. No solo fue la cuna de Zappa: allí se crió y educó musicalmente Cab Calloway, célebre por su forma de improvisar vocalmente (el denominado *scat*) sobre ritmos y melodías de música afroamericana; allí pasó su infancia Billie Holiday, y allí nació Philip Glass en 1937, cuatro años antes del nacimiento de Zappa. Hay un grupo que se llama Lord Baltimore, pioneros en 1968 de lo que después se llamaría *stoner rock*, mezcla de rock duro, psicodelia y heavy metal de atmósferas pesadas y repetitivas. Sin embargo, se formaron en Nueva York.

Pero a Zappa Baltimore le asfixiaba. Su meta, tras alguna que otra parada en el camino, era la zona de Los Ángeles. Aún no se había acuñado el concepto o denominación de *freak*, pero sus actividades ya estaban trazando ese camino. Por ejemplo, al componer la banda sonora de una película de serie B tan estram-

Zappa convirtió su primer estudio de grabación en un espacio para experimentar, transformándolo en un auténtico laboratorio sonoro.

bótica como *The World's Greatest Sinner* (1962). Dirigida y protagonizada por el actor Timothy Carey –uno de los miembros de la banda que planea el robo a un hipódromo en *Atraco perfecto* (*The Killing*, 1956) de Stanley Kubrick–, gira en torno a un vendedor de seguros que crea un partido político llamado Hombre Eterno y empieza a creerse que es Dios; entre otras cosas, realiza carismáticas actuaciones musicales para las que Zappa escribió canciones de puro *rock'n'roll* al estilo de Elvis Presley. El *show* sin ser *freak*. Con el dinero obtenido por este film, algunos trabajos para una agencia publicitaria, las actuaciones en bares y locales de mala muerte con un trío llamado The Muthers –primera y escurridiza aproximación al concepto The Mothers– y la composición de otra banda sonora de serie B, el western de venganza *Run Home Slow* (1965), dirigido por Ted Brenner (Tim Sullivan) e interpretado por Mercedes McCambridge –la antagonista de Joan Crawford en el western *Johnny Guitar* (1954), de Nicholas Ray–, puso la primera piedra de lo que sería su universo *freak* de aquellos años de búsqueda y esplendor: hacerse cargo de un modesto estudio de grabación en la localidad de Cucamonga, bautizado como Studio Z, que incluía una grabadora de cinco pistas, ideal para empezar a experimentar y convertir el estudio en un auténtico laboratorio sonoro. El estudio se convirtió al poco tiempo en lugar de encuentro, de creación musical y divertimento al mismo tiempo. Era la época, entre 1963 y 1964, en la que Zappa aparecía en un programa televisivo haciendo música con las ruedas de una bicicleta. Así que poder grabar con un aparato que no fuera monoaural o de dos únicas pistas resultaba para él lo más parecido a la felicidad.

EL DÍA DE LA MADRE

Tras tocar en varias bandas locales de nula repercusión y exiguos beneficios como The Soul Giants, cristalizó la primera formación de The Mothers of Invention, algo más que el grupo de acompañamiento de Zappa. Primero, entre otras nomenclaturas caústicas, se llamaron Captain Glasspack and the Magic Mufflers (El Capitán Glasspack y los Silenciadores Mágicos). Sentido del humor nunca le faltó, lo mismo que a su amigo Don Van Vliet, que recogió el guante y bautizó su banda como Captain Beefheart and the Magic Band. El Día de la Madre de 1964, que en Estados Unidos se celebra el 9 o 10 de mayo y no el 1 del mismo mes como en España, Zappa y sus primeros músicos, 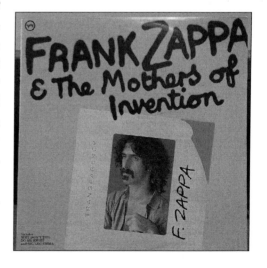 entre los que figuraban, en clara vocación intercultural, un chicano (el bajista Roy Estrada) y un indio de la tribu *cheyenne* (el batería Jimmy Carl Black; en según qué fuentes se dice que era de origen *cherokee*), decidieron rebautizarse

The Mothers (*mother* era en el *slang* de la época un equivalente a *motherfucker*). La discográfica Verve, para la que firmaron contrato en 1966, les convenció de que añadieran otro concepto y rebajar así la provocación del nombre, por lo que pasaron a ser The Mothers of Invention, que, en todo caso, no resultaba menos chocante. La andadura de esta banda *underground*, experimental, rockera, jazzística y *freak* a intensas partes iguales, se prolongaría, con altibajos, hasta mediados de los años setenta.

Poco a poco, con o sin las *madres*, el incipiente estilo inicial de su música derivó en una permanente exploración entre las fisuras, intersticios y encrucijadas

The Mothers of Invention.

brindadas por el rock, el blues, el *doo woop*, el jazz, la psicodelia, las melodías de cabaret y vodevil, el jazz-rock, el *spoken word*, el *prog rock*, el *garaje rock*, la música concreta, la orquestal –Zappa colaboraría con la Orquesta Sinfónica de Londres, con el director de orquesta Zubin Mehta y con el compositor Pierre Boulez–, la electrónica, la generada por computadora y *synclavier*, los discos conceptuales, los instrumentales y los de canciones, de *Lumpy Gravy* (1967) a *Tinsel Town Rebellion* (1981); de *Uncle Meat* (1969) a *Sheik Yerbouti* (1979); de *Hot Rats* (1969) a los tres actos de *Joe's Garage* (1979); de *Chunga's Revenge* (1970) a *Jazz from Hell* (1986); de *The Grand Wazoo* (1972) a las cajas con tres o cuatro discos que contienen los solos de guitarra editados y aislados del resto de las canciones de las que forman parte; de *Apostrophe* (1974) a *Civilization Phase III* (1993). También creó dos sellos discográficos independientes cuyos nombres resultan antagónicos, cuando no discordantes –Bizarre (Bizarro) y Straight (Recto)–, con los que no solo produjo sus propios discos, sino que financió y difundió trabajos de gente más o menos cercana y tan diversa como Tim Buckley, Alice Cooper, Captain Beefheart y Lord Buckley.

COLABORACIÓN CON BOULEZ

Pierre Boulez (1925-2016), hombre clave de la música contemporánea en calidad de compositor, director de orquesta y docente, dirigió tres de las siete piezas que integran el álbum de 1984 *Boulez Conduct Zappa-The Perfect Strange*. Pese a la sintonía con la música clásica, la portada no puede ser más *zappiana*: un perro con gafas de sol frente a un opíparo desayuno para humanos. Boulez dirigió en directo las piezas de Zappa en un concierto en París celebrado el 9 de enero de 1984, ante la sorpresa de los rockeros de pura cepa y los lamentos de los seguidores de la música clásica. Zappa estaba en su salsa. Boulez lo justificaba –si es que era necesario justificarlo, aunque en los ochenta la aceptación de las mixturas musicales tan radicales era peor recibida que en la actualidad– diciendo que le interesaba toda intrusión de prácticas musicales diferentes que se situaran en la periferia de lo clásico. Zappa ya había reconocido la influencia del músico francés en la generosa lista de agradecimientos del disco *Freak Out!*

Zappa incordió con las letras de sus canciones –en las que las puyas contra el autoritarismo o el consumismo venían explicitadas a veces mediante subterfugios más propios de la literatura surrealista, el dadaísmo o, incluso, los *cut-ups* de Burroughs–, las disquisiciones con la guitarra eléctrica, los grafismos de sus discos y los complejos arreglos melódicos y estructuras rítmicas. El punto de mira estaba depositado en quienes castigaban cualquier tipo de diferencia/disidencia y defendían los valores consuetudinarios de la sociedad de consumo. En su canción «Mother People» esgrime que «nosotros somos los otros», lo que le pondría del lado de los *freaks* de Tod Browning, y en «Brown Shoes Don't Make It», uno de sus primeros e inabarcables corolarios sónicos, en el que se dan la mano rock, blues, *surf music*, psicodelia y música de cabaret, habla de un funcionario del ayuntamiento que fantasea con tener relaciones sexuales con una chica de trece años, tomándolo como ejemplo de la inadaptación sexual que para él tenían todos los que representaban las jerarquías del poder. Su primera declaración de principios fue «Hungry Freaks, Daddy», un relato en el que los monstruos hambrientos del título –Zappa empleaba en este caso la asociación *freak* = monstruo– eran el producto de un Mr. América que caminaba por escuelas que no enseñan y tenía como sueño un supermercado. Más tarde, en «Willie the Pimp», memorable canción del álbum *Hot Rats*, introducida por el violín *bluegrass* de Sugarcane Harris, cantada por Captain Beefheart y punteada por uno de los característicos solos de guitarra con wah wah de Zappa, hizo el retrato en crudo de un joven proxeneta.

El grafismo y portadas de sus discos de vinilo iban ejemplarmente en la misma dirección, entre *arty* y *underground* –eran los tiempos de esplendor de Robert Crumb y los fanzines alternativos–, diseños que capturaban el interés del usuario curioso a la vez que incordiaban al defensor de la moral ortodoxa y al que, según Zappa, era un consumidor de cultura adocenada: la cubierta de *Weasels Ripped my Flesh* (1970) –literalmente «las comadrejas arrancaron mi carne»–, en la que un individuo, un americano medio bien trajeado y de pelo engominado, se afeita con una comadreja–siempre pensé que era una ardilla– que le rasga la piel y la carne dejándole sanguinolentas marcas que parecen no afectarle ni dolerle; o la de *We'Re Only in It for the Money* (1968), en la que los músicos aparecen travestidos ante la cámara del fotógrafo y cineasta Jerrold Schatzberg –después convertido, como Jerry Schatzberg, en director crucial del Nuevo Hollywood con títulos como *Confesiones de una modelo* (*Puzzle of a Downfall Child*, 1970), *Pánico en Needle Park* (*The Panic in Needle Park*, 1971) y *Espantapájaros* (*Scarecrow*, 1973)–, mientras que el collage fotográfico interior, obra del colaborador habitual de aquellos años, el ilustrador Cal Schenkel, es una divertida imitación y parodia, espejo deformado de imágenes cítricas, de la portada del disco lisérgico de The Beatles, *Sgt. Pepper's Lonely Hearts Club Band*, aparecido unos meses antes.

Weasels Ripped my Flesh (1970).

EL GRAFISMO DE CAL SCHENKEL

Cal Schenkel –no confundir con el director suizo de similar nombre, Carl Schenkel, responsable de filmes como *Vacío* (1994) y *Tarzan y la ciudad perdida* (1998)– fue el alma gemela de Zappa cuando se trataba de dar forma visual a su música. Se conocieron en 1967, compartieron estudio e, influenciado por las tiras de cómics de los treinta, cierta estética de Robert Crumb y de la gran revista satíricas de la cultura pop, Mad, empezó a dibujar en un estilo que antecedería al punk. Siempre en común acuerdo con Zappa, ideó la iracunda parodia en forma de collage de la portada del disco de los Beatles sobre el Sargento Pepper para *We'Re Only in It for the Money*. También hizo las portadas de *Uncle Meat, Burnt Weeny Sandwich* (1970) y *The Grand Wazoo*, el diseño de *Hot Rats* y *Lumpy Gravy*, los dibujos interiores de *Over Nite Sensation* (1973) y carteles e historietas promocionales de diversos discos hasta 1976, entre otros muchos trabajos con Zappa. Suya es también la portada del álbum de Captain Beefheart *Trout Mask Replica* (1969), con el hombre con cabeza de trucha, y el melancólico diseño de la cubierta de *Closing Time* (1973) de Tom Waits, con el músico solo ante un piano en un club nocturno.

Esta voluntad rompedora la podemos apreciar, al menos, en el primer decenio de su carrera, que incluyó no pocos altercados y controversias producto de las diferentes formas de concebir la izquierda y la derecha política en Estados Unidos y Europa. Mientras en su país podía ser detenido por desacato a la autoridad y por otros asuntos más rocambolescos, como cuando, en 1965, fue arrestado y condenado por producir cintas pornográficas después de que un agente encubierto de la brigada de anti-vicio de Los Ángeles le solicitara la grabación de una casete erótica para una supuesta despedida de soltero, la izquierda radical alemana, por ejemplo, no entendía del todo la ambigüedad más que sutil de algunas de sus letras. The Mothers of Invention sería rebautizado The Mothers of Reaction por un

grupo de airados jóvenes germanos después de que Zappa no quisiera politizar explícitamente una de sus actuaciones y fuera tildado de músico fascista.

Se puede hacer música, cine o literatura política sin estar encuadrado en el arte abiertamente político, o cuando la sutileza debería vencer a la tesis explícita, al manifiesto militante y el panfleto que solo convence a los que ya están convencidos. Pero quien se equivoca puede rectificar. En la ciudad alemana de Brad Doberan se realiza desde principios de los años noventa un festival de música en honor a Zappa, y en el décimo distrito de Berlín hay una calle con su nombre. En Checoslovaquia es idolatrado como símbolo de lo que siempre persiguió, la libertad de expresión, y un asteroide descubierto por el astrólogo eslovaco Ladislav Brozek hacia 1980 acabaría recibiendo el nombre de (3834) Zappafrank. Desde 1995, en un parque de la capital de Lituania, Vilna, puede verse un busto del músico. Después de todas aquellas controversias, ideales, por otro lado, para alimentar el mito, Zappa pasaría de un modo u otro a formar parte del sistema, como les ha ocurrido a tantos músicos, cineastas, escritores o pintores, artistas encumbrados en general, aunque sin traicionarse a nivel estético ni rebajarse frente a los criterios de ninguna moda contractual.

Hoy reposa en una tumba anónima, por deseo propio y de su familia, en el cementerio Village Memorial Park de Westwood, en Los Ángeles.

CAPÍTULO III

ZAPPA... Y LOS DEMÁS:
THE MOTHERS OF INVENTION

III. ZAPPA... Y LOS DEMÁS:
THE MOTHERS OF INVENTION

EL MEJOR GRUPO POSIBLE

Aunque no todas las cosas relevantes de la obra de Zappa pertenecen a la época con The Mothers of Invention, todo lo que hizo con esta banda cambiante y multiforme si resulta extraordinario. En 1991, cuando publicó *The Best Band You Never Heard in Your Life*, se estaba engañando a sí mismo o, simplemen-

te, tirando de ironía. Porque los músicos con los que tocó en la gira mundial de 1988 que captura este doble álbum eran muy buenos (Walt y Bruce Fowler, Ed Mann, Ike Willis), pero el honor de ser *la mejor banda que nunca has escuchado en tu vida* le correspondería antes a The Mothers of Invention, al menos en el contexto de la obra de Zappa.

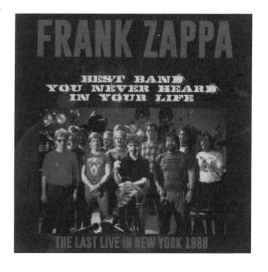

Al principio era un combo, un colectivo en el que todos eran igual de importantes. Poco a poco pasó a ser, sin estridencias ni molestias, el grupo 'de' Zappa. El guitarrista supo rodearse de todo tipo de músicos, según la tendencia panorámica de cada disco con las *madres*, para evolucionar a través de diversos géneros y registros, tanto en directo –uno de sus campos de operaciones predilecto, la música en crudo– como en estudio, donde pasó de la sofisticación de la mesa de mezclas a no utilizar ningún tipo de efectos ni *overdubs*, recogiendo la pureza de la grabación, el instante, como sucedía en las sesiones de los discos de jazz de los años cincuenta y sesenta.

Ninguno de los miembros de The Mothers of Invention, prolijos en otras excursiones musicales, lideró nunca una banda de este alcance. Algunos, como

Jimmy Carl Black.

Jimmy Carl Black, Don Preston o los hermanos Fowler, crearon sus propias formaciones, de limitada repercusión. La mayoría no tenían en absoluto madera de líderes solistas, procedieran del jazz, rock o blues, por lo que se integraron de forma modélica a partir de las directrices de Zappa. No eran, ni mucho menos, simples músicos de estudio o de acompañamiento, tipos profesionales y pulcros que ejecutaban lo que Zappa ideaba sin rechistar. Todo lo contrario. Cada uno tenía su estilo, instinto y personalidad, y pusieron lo mejor de sí mismos al servicio de una idea coral, participando, en algunos casos, no muchos, en la composición de los temas.

Fueron un equipo perfecto, en armonía, que practicaron la música como acicate y diversión a partes iguales, aunque hubo, por supuesto, choques, enfrentamientos, discusiones, diferencias de criterio, discrepancias y fugas. El teórico del guion Syd Field indicaba, a propósito de la escritura cinematográfica, que la buena estructura de un guion es como un cubito de hielo en el agua: el cubito tiene una estructura cristalina bien definida, independiente del agua, pero, cuando se deshace a los pocos minutos, resulta indiferenciable del medio del que procede, se integra completamente en el agua, del mismo modo que la estructura debe integrarse en la historia. Este símil podría hacerse con los integrantes de The Mothers of Invention: los músicos que pasaron por el grupo tenían su personalidad bien definida, cristalina, reconocible, pero al contacto con Zappa y sus ideas supieron disolverse en una magna obra común.

LAS BANDAS ANTERIORES

No fue ni la primera ni la última banda de Zappa, pero si la más estable y fecunda, la que presentó, desarrolló y llevó a buen puerto sus ideas en cuanto a composición y ejecución de las que nunca se apartaría pese a las orientaciones distintas que tomó su obra a partir de los años ochenta. En 1957, cuando estudiaba secundaria en Lancaster, cerca de la base militar en la que su padre, Francis Zappa, había sido destinado como químico al servicio del Gobierno, formó su primer grupo, The Blackouts, en el que también militó uno de sus posteriores y recurrentes compinches, Jim *Motorhead* Sherwood. Tocaban en bares de la zona y su nombre (literalmente Los Apagones o Los

The Blackouts.

Desmayos) procedía, al parecer, de la terrible borrachera que pillaron un día con licor de menta, cayendo desmayados a las pocas horas. Hacían *rhythm'n'blues* y tenían una clara vocación integradora: el trompeta y el guitarra, Fred y Wally Zalazar, eran mexicanos, y el saxo tenor John Franklin y otros dos miembros eran afroamericanos. Algunas de sus actuaciones no terminaron precisamente bien dada la agresividad racista de la época. Zappa tocaba entonces la batería, y Sherwood se dedicaba a realizar bailes estrambóticos durante las actuaciones.

Euclid James *Motorhead* Sherwood.

De finales de 1961 a mediados de 1962, Zappa colaboró con el pianista John Perrino en su banda, John Perrino & The Mellotones, y entre 1962 y 1964 ya estaba en The Muthers. De este primerizo *power* trio con Zappa ya a la guitarra, Les Papp (batería) y Paul Woods (bajo), pueden encontrarse algunas tomas en el disco recopilatorio *Joe's Xmasage* (2005), cuya portada es una foto en blanco y negro del joven Zappa sentado de espaldas a una pared llena de fotografías de algunos de sus héroes. Otra compilación de rarezas e inéditos, *The Lost Episodes* (1996) –los archivos *zappianos* rezuman material y parece que no se agotan nunca–, contiene un breve diálogo de veintidós segundos titulado «The Blackouts» en el que Zappa se refiere a este grupo.

Más tarde, o casi en paralelo, llegarían The Soul Giants. Este colectivo sería la génesis de las primeras *madres*. Roy Estrada y el saxofonista Dave Coronado

FRANK ZAPPA	GUITAR
RALPH HYMPHREY	DRUMS
JEAN-LUC-PONTY	VIOLIN
THOMAS FOWLER	BASS
BRUCE FOWLER	TROMBONE
JOSE SALVADORE MARQUEZ JUNIOR	TRUMPET
GEORGE DUKE	KEYBOARD
RUTH UNDERWOOD	PERCUSSION
IAN UNDERWOOD	KEYBOARD

habían formado Soul Giants a principios de los sesenta. Se les unió como batería Jimmy Carl Black y el guitarrista Ray Hunt. Su género era el *rhythm'n'blues* más prosaico de la época, pero con la incorporación de Ray Collins, un cantante virtuoso del falsete, arremetieron también con el *doo woop*. El repertorio de

la banda era clásico y hasta cierto punto académico. Las cosas cambiaron cuando Zappa, que ya había actuado en pequeños locales con Collins, substituyó a Hunt como guitarrista. Las informaciones son, como siempre, contradictorias. Según unas fuentes, fue Hunt quien decidió abandonar el grupo. Según otras, sería Collins quien prescindió de él para dar cabida a su amigo Frank. Tampoco está comprobado como The Soul Giants pasaron a llamarse The Mothers. Es una derivación clara de The Muthers y Zappa aseguraba que el nuevo nombre surgió en el Día de la

The Mothers of invention.

Madre de 1964, pero en esa fecha no está claro que se hubiera unido aún a los Giants: parece ser que no lo hizo hasta marzo de 1965, después de ser arrestado por cargos de pornografía. También asumieron otras nomenclaturas, como Captain Glasspack & His Magic Mufflers y Baby Ray & The Bathmen (¡aunque esto parece una broma a costa de Ray Collins y los bañistas!). De un modo u otro, sin importar demasiado a quien se le ocurriera, The Soul Giants mutó a The Mothers y la historia empezó a cambiar para todos sus integrantes cuando, tras firmar contrato con Verve/MGM el 1 de marzo de 1966, los ejecutivos de la compañía les sugirieron que modificaran un poco el nombre. No tuvieron en cuenta, o lo desconocían, que *mother* (*motherfucker*) no era tanto un insulto como la terminología que se aplicaba entre los propios músicos cuando alguno era muy bueno y destacaba. Pasaron a llamarse definitivamente, tras tanto caos nominal, The Mothers of Invention, aunque para Zappa, en el fondo, siempre fueron The Mothers, y lo de Invention lo mantuvo durante unos años en señal de deferencia hacia la compañía que le costeaba los primeros discos. Utilizaremos a partir de ahora indistintamente los dos nombres.

Catorce son los discos oficiales –sin contar los recopilatorios y los numerosos *bootlegs* autorizados o no por el guitarrista– que grabó la banda, aunque empleando distintas denominaciones, diferentes encarnaciones.

A nombre de The Mothers of Invention aparecieron los siguientes vinilos: *Freak Out!* (1966), *Absolutely Free* (1967), *We'Re Only in It for the Money* (1968),

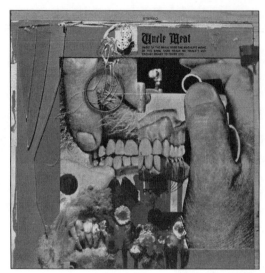

Cruising with Ruben & The Jets (1968), *Uncle Meat* (1969), *Burnt Weeny Sandwich* (1970) y *Weasels Ripped My Flesh* (1970). La banda se separó por un tiempo en 1969 y los dos últimos de estos discos aparecieron con temas que habían registrado previamente.

Los tres siguientes se publicaron como The Mothers: *Fillmore East-June 1971* (1971), *Just Another Band from L.A.* (1972) y *The Grand Wazoo* (1972).

Como Frank Zappa & The Mothers, y en clave cercana al jazz-rock, apareció el álbum *Over-nite Sensation* (1973) y, como Zappa/Mothers, *Roxy & Elsewhere* (1974).

Uncle Meat (1969).

En *One Size Fits All* (1975) volvieron a recuperar el nombre completo de The Mothers of Invention, pero este fue el último disco de Zappa y la banda. Aunque cuatro meses después se publicó *Bongo Fury* (1975), acreditado a Zappa/Beefheart/Mothers.

En años posteriores, el propio sello discográfico del autor lanzaría nuevos discos con temas y versiones inéditas hasta entonces, registradas en vivo o en estudio en distintas épocas de las madres, caso de *Playground Psychotics* (1992), correspondiente a grabaciones de conciertos en 1971 y con participación de Yoko Ono y John Lennon; *Ahead of Their Time* (1993), que recoge la actuación en el Royal Festival Hall londinense del 28 de octubre de 1968, una parte en grupo y otra con la Orquesta Sinfónica de la BBC, o el reciente *Rainbow Theatre London, England, December 10*, 1971, publicado en marzo de 2022 en formato de triple vinilo.

LAS MADRES, UNA A UNA

C incuenta y dos son los músicos que, de manera prolongada o esporádica, significativa o anecdótica, se encuadraron en las filas de The Mothers of Invention, una banda necesitada siempre de sangre nueva. De hecho, en el interior de la funda de los primeros álbumes, al acreditar a los músicos que participan se refieren a ellos como *The Mothers Today* (Las Madres Hoy) o *The Mothers at the time of this recording* (Las Madres en el momento de esta graba-

Ruth Underwood.

ción), dando prueba de que cada disco era un mundo, un proyecto distinto. Sin ellos y ella (Ruth Underwood, la única mujer que pasó por el grupo dejando huella), lo que hoy conocemos musicalmente de Zappa sería bien distinto, sin por ello desmerecer en absoluto a la legión de músicos que desfilaron por los posteriores discos de Zappa sin The Mothers, entre ellos Randy y Michael Brecker, Shelly Manne, Victor Feldman, John Guerin, Jim Gordon, Ed Mann, Patrick O'Hearn, Chad Wackerman, Adrian Belew, Ike Willis, Warren Cuccurullo, Eddie Jobson, Steve Vai, Lou Marini, Tim Malone y Ray White. Muchos de los integrantes de la banda tocaron también en los discos acreditados a él en solitario, de forma que la línea que separa unos trabajos de otros acaba siendo realmente difusa. Esta es la lista de todas las *madres*, en riguroso orden de aparición.

ROY ESTRADA

Formó con Jimmy Carl Black y Ray Collins el núcleo duro de The Soul Giants, la sólida base de la que surgirían The Mothers of Invention. Bajista californiano, nacido en 1943, fue conocido también con los apodos de Orejón y Guacamole. Formó parte de los primeros Little Feat y participó en la Magic Band del Captain Beefheart. Volvió a colaborar con Zappa en 1976 tocando el bajo en cuatro temas de *Zoot Allures* y registró voces en otros discos zappianos de la siguiente década. También contribuyó a un grupo de revival, The Grandmothers, dedicado a tocar el repertorio de The Mothers. Desgraciadamente, todo lo que tenía como bajista efectivo le faltaba en su equilibrio personal: ha sido acusado varias veces de abusos sexuales a menores, estuvo seis años en la cárcel en la década de los noventa y, desde 2012, cumple condena sin posibilidad de libertad condicional tras declararse culpable de otros cargos de pederastia.

RAY COLLINS

La incorporación a los Soul Giants de Ray Collins (1936-2012), un tipo que trabajaba de carpintero y de camarero en cervecerías, tenía una gran voz en falsete

y era un especialista en *doo woop* chicano y pachuco, resultó fundamental para el acercamiento a este meloso estilo que, con el tiempo, Zappa deconstruiría de forma ingeniosa e irreverente. Collins, que conocía todo tipo de sonoridades mestizas, había participado en un 7" de 1957 de Little Julian Herrera, músico enigmático –no se sabe muy bien si era chicano o, en realidad, se trataba de un judío húngaro, llamado Ron Gregory, que adoptó el nombre de su familia de acogida mexicana cuando tenía once años– que tocaba con su banda The Tigers. Collins fue el primero de una larga lista de cantantes que combinarían bien con la propia experiencia como vocalista de Zappa. Tocaba además armónica y percusiones.

JIMMY CARL BLACK

Nacido en 1938 en El Paso, Texas, de origen Cheyenne, gustaba de decir siempre que era el indio del grupo y, de hecho, en los divertidos créditos de *We'Re Only in It for the Money* es descrito de este modo: Indio del grupo, batería, trompeta y vocal. Estuvo con las madres desde el primer disco hasta *Weasels Ripped My Flesh*, siendo una de las piezas fundamentales en la elaboración de su sonido. En 1972 fundó una banda de rock duro a la que le puso el nombre de su hijo, Geronimo Black, y en la que participó el saxofonista de The Mothers, Bunk Gardner. Contribuyó también a la aventura *revivalista*, y no exenta de sentido del humor, de The Grandmothers, tocando, remezclando e incluso diseñando las portadas de alguno de los discos de esta super-banda de Zappa sin Zappa: *Looking Up Granny's Dress* (1982), *Dreams on Long Play* (1993) y *The Eternal Question* (2002). Colaboró también con Muffin Men, un grupo de tributo a Zappa radicado en Liverpool, así que el legado de The Mothers estuvo siempre adherido a su carrera musical. Grabó diversos discos con Arthur Brown, Mannish Boys y el vanguardista Eugene Chadbourne. Instalado en Europa, falleció en 2008 a causa de un cáncer de pulmón.

JAMES WILLIAM GUERCIO

De estancia efímera en una de las formaciones que configuraron la primera versión de The Mothers. Entró para substituir a Ray Collins en el breve periodo en el que este se ausentó de la banda. Además de cantar, tocaba la guitarra. Congenió bien con Zappa y aparece en las dedicatorias del primer álbum. Nacido en Chicago en 1945, firmaba como Jim Guercio. Con su nombre completo, James William Guercio, se convertiría en reputado productor de Chicago y Blood, Sweat & Tears, en línea *mainstream*, pero también de músicos experimentales de culto como Moondog, además de descubrir bandas de rock ácido como Illinois Speed Press, a la que produjo sus dos únicos discos en 1968 y 1970. En 1972 ideó y construyó el estudio Caribou Ranch –destrozado por un incendio trece años después–, donde grabaron Chicago, Earth, Wind & Fire, Elton John y Beach Boys, entre otros. Zappa y The Mothers registraron ahí parte del material de *One Size Fits All*. No contento con todo ello, Guercio dirigió en 1973 una película de carretera que arrastra un extraño culto, *Electra Glide in Blue* –nombre de un modelo de Harley Davidson utilizado por la policía–, estrenada en España como *La piel en el asfalto* y protagonizada por Robert Blake, el actor que interpretó a uno de los dos asesinos de *A sangre fría* (*In Cold Blood*, 1967) de Richard Brooks, al detective Baretta de la serie de televisión homónima (1975-1978) y al fantasmal personaje que se desdobla en el tiempo y en el espacio en *Carretera perdida* (*Lost Highway*, 1997) de David Lynch.

Jimmy Carl Black, Frank Zappa, Ray Collins, Elliot Ingber, Carl Franzoni, unas amigas y Roy Estrada.

El grupo pasándoselo bien.

ELLIOT INGBER

Estuvo en la génesis del grupo en 1965-1966 como guitarra solista y rítmica, llegando a participar en la grabación de *Freak Out!* Antes que él, desfilaron como segunda guitarra, en muy breves espacios de tiempo, Alice Stuart, Henry Vestine, Steve Mann y Jim Guercio. Parece ser que no se entendió muy bien con Zappa, por lo que abandonó pronto la banda y pasó a formar parte del grupo de blues-rock sicodélico Fraternity of Man. Publicaron solo dos discos, caracterizados por los duelos entre las guitarras de Ingber y Warren Klein: *The Fraternity of Man* (1968) y *Get It On!* (1969), ambos producidos por Tom Wilson, primer productor de The Mothers. Colaboró después en la Magic Band del Captain Beefheart. En 2001 apareció *The*, un disco a su nombre de rock sicodélico.

DON PRESTON

Nació en Detroit en 1932 y empezó como pianista del flautista de jazz Herbie Mann. Se convirtió en miembro de The Mothers of Invention a partir del segundo álbum, Absolutely Free, asumiendo a veces el apodo de Dom De Wild. Pieza básica en el engranaje de la banda y uno de los pocos verdaderamente irremplazables hasta la llegada de George Duke, que lo substituyó a partir de Over-nite Sensation, aunque coincidieron juntos en los dos discos de influencia más jazzística, The Grand Wazoo y uno de Zappa en solitario, Waka/Jawaka, del mismo 1972. Sus trabajos posteriores son cuantiosos y con un amplio abanico de estilos. Ha publicado varios discos como solista, arropado siempre por algunos de sus compañeros en The Mothers, el primero *Vile Foamy Ectoplasm* (1993), y el último *Out of the Vault* (2014), aunque resultan más interesantes sus grabaciones jazzísticas con Michael Mantler: *Alien* (1985), un dúo de piano y trompeta, y *Live* (1987), una serie de piezas con textos de Harold Pinter, Edward Gorey y

Samuel Becket interpretadas en concierto por Mantler, Preston, Nick Mason (Pink Floyd), John Greaves (Henry Cow), Jack Bruce (Cream) y el guitarrista Rick Fenn.

Formaría después su propio trío con el bajista Joel Hamilton y el batería Alex Cline: en su único disco, *Transformation* (2001), versionaron temas de Carla Bley y el «Eric Dolphy Memorial Barbecue» de Zappa incluido en *Weasels Ripped my Flesh*, pieza sinuosa en la que Preston aportó órgano y efectos electrónicos. Al trío le seguiría el combo de jazz electrónico Don Preston's Akashic Ensemble, con el que grabó *The Inner Realities of Evolution* (2003). Con el percusionista Andrea Centazzo registró en directo *Escape from 2012* (2011), una pieza vanguardista divi-

Don Preston.

dida en ocho movimientos. Un año después, el exquisito sello belga Sub Rosa, especializado en músicas del mundo, experimental y electrónica, le publicó *Filter, Oscilators & Envelopes 1967-75*, dos largas piezas de Preston compuestas en esos dos años, «Electronic» y «Analog Heaven», y ejecutadas con todo su arsenal de teclados eléctricos –incluido el EVI (Electronic Valve Instrument), un instrumento electrónico de viento que se toca más o menos igual que una trompeta–, en sintonía con futuros trabajos electrónicos de Zappa, aunque con un estilo más abstracto e industrial; en una nueva edición, se añadió otra pieza de música electrónica grabada en 1982. Fuera de esta onda más experimental, Preston ha acabado llevando la batuta en los últimos trabajos de The Grandmothers: es el único de los Mothers originales que se ha acercado a la condición de líder de una banda.

BUNK GARDNER

Entró a formar parte del grupo junto a su amigo Don Preston en el segundo disco. Su nombre es John Leon Garnera y nació en Ohio en 1933. En el seno

de The Mothers lo apodaban «sweetpants». Aportó unos saxofones insurgentes (además de flauta, flautín, clarinete, clarinete bajo y fagot) en una época en la que los instrumentos de viento resultaban más primordiales que nunca en el ideario sonoro de Zappa: en *Weasels Ripped my Flesh*, por ejemplo, el último trabajo de las madres en el que intervino Gardner, su saxo tenor convive con el saxo alto de Ian Underwood y el barítono de James *Motorhead* Sherwood. Participó en la aventura de Jimmy Carl Black al frente de Geronimo Black y en el disco del Akashic Ensemble de Preston. En 2007 se publicó una compilación de sus trabajos como solista, *It's All Bunk*, disco de fusión de soul, rock, jazz y funk.

BILLY MUNDI

Californiano de nacimiento, de nombre real Antonio Salas (1942-2014), tocó la batería en los dos discos de debut de los cantautores Fred Neil y Tim Buckley, ambos de 1966. Un año después participó en

la grabación de *Absolutely Free* para reforzar el entramado de percusiones y estuvo hasta *Uncle Meat*. Según se nos cuenta en *We're Only in It for the Money*, tenía la complexión de un yak (el animal bobino del Himalaya) y llevaba ropa interior de encaje negro. Es indiscutible que se lo pasaban bien tocando y cuando escribían los textos interiores de sus álbumes. También circulan rumores de que había pertenecido a la banda de moteros Los Ángeles del Infierno. Según Zappa, Mundi dejó el grupo para aceptar un contrato mejor pagado en las filas de Rhinoceros, una banda de rock clásico diseñada por los ejecutivos de Elektra Records. Todo por la pasta, que diría el cineasta Enrique Urbizu. De los tres álbumes que lanzaron, participó en los dos primeros, *Rhinoceros* (1968) y *Satin Chickens* (1969). En las notas de *Uncle Meat* ya puede leerse que toca batería en algunas piezas antes de dejarlo para unirse a Rhinoceros (de hecho, los textos interiores de los discos de Mothers of Invention son la mejor bibliografía posible y fiable de los miembros del grupo). Se convirtió después en solicitado músico de sesión. Sin ir más lejos, Bob Dylan le reclutó para su *New Morning* (1970).

EUCLID JAMES *MOTORHEAD* SHERWOOD

Quizá sea el menos conocido de los músicos que desfilaron por The Mothers, pero todo parece indicar que era una presencia vital para Zappa. Nacido en 1942 y fallecido en 2011, fue saxofonista y muchas otras cosas: en *Uncle Meat*, donde tiene dos apodos, el de Motorhead y el de Motorishi, aparece como *pop star*, saxo tenor frenético, pandereta, coreografía y, literalmente, obstinado colocador del equipo cuando no está timando a las *groupies*. En definitiva, fue músico a la vez que *road manager* del grupo. Apareció en *We're Only in It for the Money* con los saxos soprano y barítono. En los créditos de este disco se nos informa que Euclid era una rareza para cualquier uso («all purpose weirness»). Repitió cometido en The Mothers hasta *Weesels Ripped my Flesh* y en discos posteriores con Zappa, pero con algo de trampa: en el conceptual *Civilization*  *Phaze III* (1994) puede escucharse su voz con otro nuevo apodo, el de Larry Fanoga, aunque son grabaciones de 1967. Su amistad con Zappa venía de lejos, de los tiempos escolares en Lancaster. Después sería era uno de los habituales en las sesiones realizadas en los estudios de Cucamonga y se dedicaba a bailar en las actuaciones de The Blackouts.

IAN UNDERWOOD

Es otro de los miembros sumamente importantes del grupo desde su primera aparición en *We're Only in It for the Money*, donde, siguiendo la pauta irónica de los créditos interiores, aparece definido como un tipo saludable. Después, en la letra de un tema de *Uncle Meat* explícitamente titulado «Ian Underwood Whips It Out», característico de los juegos meta-referenciales de Zappa, Underwood relata cuando les escuchó en directo por primera vez, habló con Jim Black, le dijo que tenía ganas de actuar con ellos y a los dos días se presentó en la sesión de grabación, conoció a Zappa, le comentó que podía tocar el saxo alto y el piano y este le dijo que arrasaría con todo (más o menos este es el texto de la canción, repleta, como siempre en el cancionero de The Mothers, de juegos de palabras). Tras finiquitar la presentación, Underwood se suelta en este tema con un solo de saxo diabólico, incontrolable, puro *free jazz*.

Instrumentista poliédrico, nacido en 1939 en Nueva York, aportaría innovadoras capas de sonido a la música del grupo con los teclados, alternados con los de Don Preston o George Duke, y saxos, combinados con los de Bunk Gardner y manipulados a veces con pedales wah wah. Su trabajo también resultaría esencial en discos de Zappa fuera de la órbita Mothers, como *Hot Rats* (1969) y *Chunga's Revenge* (1970), así como su participación en la Abnuceals Emuukha Electric Orchestra, la banda que grabó *Lumpy Gravy* (1967). Estudió composición en las universidades de Yale y Berkeley. Tocó en grupos de jazz improvisado antes de contactar con Zappa. Fue miembro de The Mothers of Invention hasta 1973. Estuvo también en las sesiones de The Mothers con la Plastic Ono Band de John Lennon y Yoko Ono y en un tema –«The Blimp», aunque apenas se les oye– de *Trout Mask Replica* (1969), una de las obras fundamentales del Captain Beefheart, en el que participaron igualmente Don Preston, los hermanos Gardner, Roy Estrada, el diseñador Cal Schenkel y el propio Zappa en calidad de productor.

Tras dejar The Mothers a las puertas de la disolución del grupo –su última colaboración con Zappa es en uno de sus discos en solitario, *Apostrophe* (1974)–, Underwood se convertiría en prestigioso músico de sesión al servicio de autores tan diversos como Spirit, Gábor Szabó, Quincy Jones, Barbra Streisand, Hugh Masekela, Herb Alpert, Carmen McRae, Lalo Schfrin, Janet Jackson y Dolly Parton: el talento al servicio de la variedad. Ha desarrollado una amplia trayectoria en el cine, encargándose de la programación de sintetizadores o tocando su instrumento más habitual, el sintetizador Mini-moog –la versión compacta, reducida y manejable del primer Moog modular, diseñado por Robert Moog hacia 1969–, en diversas bandas sonoras: *Los amos de la noche* (*The Warriors*, 1979) de Walter Hill, *El nombre de la rosa* (*Der Name der Rose*, 1986) de Jean-Jacques Annaud, *Aliens* (1986) y *Titanic* (1997) de James Cameron, y *Braveheart* (1995) de Mel Gibson. El más destacado de estos trabajos fílmicos de Underwood es en la icónica columna sonora de Vangelis para *Blade Runner* (1982), de Ridley Scott.

ARTIE TRIPP

Artie Tripp, o Arthur Dyer Tripp III, el hombre del bigote verde, según los créditos de *Uncle Meat*, disco en el que arremetió con todo tipo de percusiones.

Más conocido por su apodo de Ed Marimba, nació en 1944, fue percusionista de la Orquesta Sinfónica de Cincinnati y tocó en directo con Tim Buckley mientras se convertía en percusionista malabar de The Mothers a partir de *Cruising with Ruben & The Jets*. Estuvo también varios años en la Magic Band del Captain Beefheart.

RUTH UNDERWOOD

Nacida en 1946, Ruth Komanoff empezó tocando la batería en el grupo de rock progresivo The Hamilton Face Band. En 1969 ya participó en la grabación de *Uncle Meat*, ayudando a Artie Tripp en algunos temas. El mismo año se casó con Ian

Underwood, cambió su apellido y después se convirtió en miembro fijo de The Mothers, aunque su colaboración con Zappa era algo anterior y se extendería hasta 1982, año en el que empezó a apartarse de los escenarios y los estudios. En 1986 se separó de Ian. Ofreció con la marimba, el vibráfono, el xilofón, las campanas y otros instrumentos de percusión, notables contrapuntos en el soporte rítmico de la banda. Colaboró después con otro ex Mothers, George Duke, con el grupo de *soft rock* Ambrosia, el batería Billy Cobham y encuadrada en la Neoteric Orchestra del pintor, escultor y compositor Jasun Martz.

BUZZ GARDNER

De nombre real Charles Guarnera (1931-2004), tocaba trompeta, trompa y fiscorno. Participó en el disco de su hermano Bunk y, en los años cincuenta, había formado parte del quinteto del guitarrista belga René Thomas. También le unía una estrecha amistad con Don Preston, con el que coincidió cumpliendo el servicio militar en la localidad italiana de Trieste. Se unió al suculento conglomerado de vientos en *Burnt Weeny Sandwich* y *Weasels Ripped My Flesh*, aunque también puede escuchársele, como al resto de la banda, en algunos temas de *You Can´t Do that in Stage Anymore*, la serie de seis discos dobles aparecidos entre 1988 y 1992 que recoge actuaciones en directo de Zappa y de las distintas formaciones de The Mothers a lo largo de toda su historia.

LOWELL GEORGE

El guitarrista –aunque también tocaba instrumentos de viento– Lowell Thomas George nació en 1945 y murió en 1979, a los treinta y cuatro años, al sufrir un ataque al corazón por sobredosis de cocaína, horas después de una actuación. Creó

su primera banda, The Factory, en 1965, en la que militó Warren Klein, y Zappa llegó a producirles un par de canciones. Entró en el ecosistema de The Mothers en 1968 como guitarra rítmico y vocalista de apoyo. Estuvo solo un año, pero dijo que esa etapa fue fundamental para entender el funcionamiento de un grupo de rock. Colaboró en algunos cortes de *Burnt Weeny Sandwich* y *Weasels Ripped My Flesh*. En 1969 formó la banda de rock, blues y country por la que sería más conocido, Little Feat, con miembros de The Factory y Fraternity of Man (el batería Richie Hayward) y The Mothers (Roy Estrada).

SUGAR CANE HARRIS

Don Francis *Sugarcane* Harris (1938-1999) aportó algo que no tenía Zappa en sus inicios, el sonido de un violín amplificado eléctricamente cuyo estilo procedía

día del *bluegrass* y se incrustaba en el *rock'n'roll*. Músico afroamericano curtido en mil batallas, Harris tocó con Little Richard, John Lee Hooker y en bandas de *doo woop*, y formó un dúo de blues con Dewey Terry: entre otros temas, escribieron y grabaron en 1959 «Farmer John», versionado por Neil Young en su disco *Ragged Glory* (1990). En el momento de electrificar su violín, se convirtió en compañero de viaje, sin rango de miembro oficial, de los Bluesbreakers de John Mayall y de las diversas formaciones de Zappa. Aportó colorido e incisión en los dos álbumes de The Mothers aparecidos cuando el grupo se había tomado una tregua, *Burnt Weeny Sandwich* y *Weasels Ripped My Flesh*, pero la mayor aportación del violín de Harris la encontramos sin duda en los temas de *Hot Rats* «Willie the Pimp» y «The Gumbo Variations». Tocaría también un órgano cauteloso y líquido en la pieza que da título a *Chunga's Revenge*. En 1972 fundó con el guitarrista Harvey Mandel (Canned Heat) el grupo de blues rock Pure Food and Drug Act.

AYNSLEY DUNBAR

Este batería británico, nacido en Liverpool en 1946, ya tocó en casi todos los temas de *Chunga's Revenge* y en la banda sonora de *200 Motels* (1971), ganándose la confianza de Zappa y convirtiéndose en el nuevo batería del grupo cuando, en 1971, reapareció como The Mothers con el disco en directo *Fillmote East-June 1971*. Detrás quedaban Black, Mundi y Tripp y, con ellos, los innumerables contrapuntos percusivos. Dunbar era sólido, adaptable y eficiente, como demostró después tocando en *Pin Ups* (1973) y *Diamond Dogs* (1974) de David Bowie, y en *Berlin* (1973), de Lou Reed, o formando parte del folk eléctrico de Jefferson Starship –la prolongación de los sicodélicos Jefferson Airplane–, el *hard rock* de Whitesnake –derivación

de Deep Purple– y el soft rock de Journey. Zappa contó con él en varios de sus discos –*Waka/Jawaka, Apostrophe*– y en la corta y cambiante etapa de las madres conformada por *Fillmore East-June 1971, The Grand Wazoo* y *Just Another Band from L.A.*

MARK VOLMAN Y HOWARD KAYLAN

«Happy Together» es más que una canción de éxito, es un absoluto himno de pop melódico. Compuesta por Alan Gordon y Garry Bonner en 1967 para el grupo The Turtles, se encaramó al número uno en la lista de Billboard y ha sido versionada por Percy Faith, Hugo Montenegro y Petula Clark, entre muchos otros. Wong Kar-wai la utilizó en su película de idéntico título de 1997, crónica del viaje de dos amantes gay desde Hong Kong hasta Argentina. También la versionaron The Mothers en *Fillmore East-June 1*, pero no era una apropiación más, ya que,

en este disco, y en *Just Another Band from L.A.*, participaron dos de los fundado-
res de The Turtles, Mark Volman y Howard Kaylan (ambos nacidos en 1947), con-
vertidos en vocalistas y dialoguistas en hilarante comunión con Zappa. El gusto

de este por los monologuistas se exten-
día en esta colaboración, ya que Volman
y Kaylan –quienes después de The Turtles y The Mothers formaron el dúo cómico Flo & Eddie– son tan músicos como
humoristas. Participaron en *200 Motels*.
Esta reformulación de The Mothers –co-
nocida también como The (Vaudeville)
Mothers of Invention por su carácter,
en escena, de espectáculo de vodevil–
duró solo algo más de un año por culpa
de un incidente acontecido en un con-
cierto de la banda en el Rainbow Theatre de Londres, en diciembre de 1971:
un individuo subió al escenario y empujó a Zappa hasta el foso de la orquesta
porque le molestó la forma irónica –¡como si no conociera al guitarrista de Baltimore! –con la que estaba versionando un tema de los Beatles «I Want to Hold
your Hand». Estuvo seis meses de baja en una silla de ruedas a causa de diversas
fracturas en una pierna, una costilla rota y un brazo paralizado, sin posibilidad
alguna de seguir tocando el directo. Zappa recordaría tras la caída: «Mi cabeza
estaba sobre mi hombro y mi cuello se inclinó como si estuviera roto».

JIM PONS

Fue el bajista de The Mothers es este periodo con Volman y Kaylan ya que
lo había sido también de The Turtles. Nació en Santa Mónica en 1943, estuvo un año entero, 1971, en el grupo de Zappa, y tocó en los cuatro temas de
The Mothers con Lennon & Ono, incluidos en el disco de la Plastic Ono Band

Some Thime in New York City (1972). En 1973 dejó
la música para dedicarse por entero a elaborar el
material audiovisual y promocional de un equipo
de fútbol americano, los New York Jeets.

BOB HARRIS

Presencia más fugaz aún que la de Pons: complementó a Don Preston a los teclados en la grabación el directo de *Fillmore East-June* 1971. También había tocado con The Turtles, por lo que aquel disco fue realmente la fusión de dos bandas. Pianista de formación jazzística, Harris (1943-2001) realizó arreglos para el cantante pop Jack Jones y estuvo de gira con Ray Charles. Otro teclista llamado igualmente Bob Harris tocó también con Zappa en los últimos meses de 1980, lo que ha llevado a más de una confusión.

GEORGE DUKE

Más conocido por sus andanzas por los campos del jazz rock, el funk, el smooth jazz y otras fusiones setenteras, blandiendo el teclado sintetizado con mástil de guitarra (el *keytar*), y por su dúo *funky* con el bajista Stanley Clarke, Duke (1946-2013) aportó muchas cosas al nuevo sonido Zappa post-etapa cruda de The Mothers. Ya participó activamente en *Chunga's Revenge,* tocando órgano, piano electrónico y trombón. Su formación clásica en el campo del jazz –había colaborado con Don Ellis y Dizzy Gillespie– le sirvió en la etapa de Zappa más volcada a desarrollar conceptos orquestales a partir de este género. Tras su contribución al ecléctico The *Grand Wazoo*, se convirtió en el teclista fijo de la banda hasta su definitiva separación en 1975, aunque siguió grabando con Zappa. Su discografía posterior es abultada, desde

discos de funk para pistas de baile hasta tributos a Duke Ellington, de escaramuzas con la Orquesta Nacional de Jazz de Luxemburgo a colaboraciones con Billy Cobham, otro *jazz-rockero* como él.

LA ORQUESTA DEL GRAND WAZOO

Siendo un disco acreditado a The Mothers, *The Grand Wazoo* se rebela contra la idea de grupo para incluir el concepto de unidad musical más libre aún de toda atadura. De hecho, el disco se fraguó durante la convalecencia de Zappa a causa del accidente en el concierto de diciembre de 1971. El motor de arrancada es la reinvención de la *big band* clásica del jazz, o experimentar con algo seudo-jazzístico, como prefería decir el autor. Es por ello por lo que, complementándose con un disco del mismo año acreditado a Zappa, *Waka/Jawaka*, está interpretado por una orquesta que debía de ser efímera, una serie de músicos para dos únicos discos en una aventura con fecha de caducidad asumida.

Zappa recurrió a dos de sus estrechos colaboradores, Preston y Dunbar, más Duke. De los veinte músicos restantes que grabaron *The Grand Wazoo*, solo el trompetista Sal Marquez tendría continuidad en el recorrido de The Mothers. Janet Neville-Ferguson (voz) apareció como groupie en el film *200 Motels*. Mike Altschul y Earl Dumler (vientos) habían tocado con Stan Kenton y formaron par-

te de la compleja orquesta que grabó el disco de Zappa *Lumpy Gravy*, la Abnuceals Emuukha Electric Orchestra. Los veteranos Johnny Rotella (saxofonista que había tocado con de Benny Goodman) y Kenneth Shroyer (trombonista integrado en las orquestas de Bill Hollman, Neal Hefti y Stan Kenton, y en la *big band* de Dizzy Gillespie), también pasaron por la orquesta eléctrica de *Lumpy Gravy*. Lo mismo que uno de los percusionistas de *The Grand Wazoo*, Alan Estes, otro componente de la orquesta de Don Ellis. El saxofo-

nista, flautista y clarinetista Tony *Bat Man* Ortega había grabado, como Anthony Ortega, un disco de cool jazz, *A Man and His Horns* (1956), y tocaría con Lionel Hampton, Dizzy Gillespie, Gábor Szabó y Quincy Jones, entre otros; aparece en algún tema de una de las muchas compilaciones de Zappa en directo, *Joe's Domage* (2004).

Joel Peskin (saxo tenor), Alex *Erroneus* Dmochowski (bajo), Tony Duran (guitarra rítmica, *slide* y *bottleneck*) y Bill Byers (trombón), además de Marquez, Altshul y Shroyer, tocarían también en *Waka/Jawaka*. Duran procedía de los Ruben and The Jets originales de Rubén Ladrón de Guevara. El resto de la orquesta la formaron, en su única experiencia dirigidos por Zappa, los siguientes músicos: Joanne Caldwell McNabb y Fred Jackson (vientos), Ernie Tack y Malcolm McNabb (metales), Ernie Watts (saxo alto) –después miembro del formidable y atmosférico Charlie Haden Quartet West–, Bob Zimmitti (percusión), Lee Clement (gong) y Chunky (voz).

SAL MARQUEZ

Nacido en 1944, José Salvador Marquez aportó la sonoridad mestiza de su trompeta. Su base era jazzística: estudió en la facultad de Música de la Universidad del

Norte de Texas, tocó en *Light My Fire* (1969) de Woody Herman, y *Body & Soul* (1969) de la Buddy Rich Big Band. Después de su participación en *Waka/Jawaka* y *The Grand Wazoo*, Zappa lo convirtió en miembro estable de la banda, pero solo participó en *Over-nite Sensation*: años después, Marquez explicaría que Zappa casi le humilló cuando fue a pedirle algo de dinero tras semanas sin cobrar nada. Poco se sabe de lo que hizo inmediatamente después, pero a principios de los noventa tocaba en directo con Branford Marsalis en el

Tonight Show televisivo de Jay Leno. Grabó algunos temas a nombre de Sal Marquez & The Hollywood Horns y un disco, *One for Dewey* (1992), en homenaje al *hard bop* en general y a Miles Davis en particular.

JEAN-LUC PONTY

Colaborador de Duke, este violinista francés de jazz (1942) había prestado ocasional servicio en un tema de *Hot Rats*. Inclinado como Sugar Cane Harris hacia el violín eléctrico, fue desarrollando su estilo con remozados instrumentos como el Violectra, violines eléctricos modificados de cuatro o seis cuerdas,

o aplicando a su instrumento el MIDI para obtener un sonido cada vez más sintetizado. Lo práctico en un solo disco de The Mothers, *Over-nite sensation*, pero ya antes se había acercado al universo Zappa en *King Kong: Jean-Luc Ponty Plays the Music of Frank Zappa* (1970), un homenaje y relectura al mismo tiempo, ya que los arreglos son del mismo Zappa,

quien también participó en la grabación junto a Ian Underwood, Duke y Tripp. Se desligó de The Mothers porque en 1974 entró como solista en la nueva y orquestal Mahavishnu Orchestra de John McLaughlin. El jazz le ganó la partida completamente al rock a partir de entonces. Su discografía es tan generosa como la de Duke desde que en 1964 publicará con su cuarteto el disco de *be bop Jazz Long Playing*. Ha grabado también con Alan Sorrenti, George Duke Trio, Stéphane Grapelli, Michal Urbaniak, Michel Portal, Stanley Clark y Al Di Meola.

BRUCE, TOM Y WALT FOWLER

Hijos del profesor de jazz y compositor William L. Fowler, los hermanos Bruce (trombonista, nacido en 1947) y Tom (bajista, 1951) completaron su fecunda etapa en las *madres* en tres discos: *Over-nite Sensation, Roxy & Elsewhere y Bongo Fury*. Tom tocó también en *One Size Fits All*, y en *Roxy & Elsewhere* participó

Tom Fowler.

un tercer hermano de la bien avenida familia jazzística, Walt (trompetista y teclista, 1955). A mediados de los ochenta, Bruce, Tom y Walt se unieron con sus otros dos hermanos, Steven (saxofonista, 1949-2010) y Ed (bajista, 1957), para formar Fowler Brothers. El combo familiar, natural de Salt Lake City, publicó dos discos, pero, además, todos los hermanos participaron en los álbumes de Tom y Bruce en solitario. Siempre moviéndose entre el jazz, jazz-rock y funk, pero con escasas reminiscencias de su trabajo con Zappa –con el que seguirían colaborando en posteriores proyectos–, Walt formaría parte de la banda de Steve Gadd y acompañaría a Diana Ross, Ray Charles, George Benson, James Taylor, Roberta Flack y Johnny Guitar Watson, y Tom tocaría con George Duke, Jean-Luc Ponty y, también, Ray Charles. Bruce ha colaborado con Randy Newman, Stan Ridgway y Oingo Bongo, y formó parte de la banda del Captain Beehheart a finales de los setenta. Tom y Bruce idearon en 1995 el grupo de tributo The Band from Utopia.

También se han dedicado a la música cinematográfica. Bruce compuso la banda sonora de *El buen pastor* (*The Good Shepherd*, 2006), segundo film como director de Robert De Niro, mientras que Walt, el más activo en este terreno, ha participado en cerca de doscientas películas tocando la trompeta o encargándose de las orquestaciones. Algunos de los títulos son *El rey león* (*The Lion King*, 1994) de Rob Minkoff, *Cara a cara* (*Face/Off*, 1997) de John Woo, *Hormigaz* (*Anzt*, 1998) de Eric Darnell y Tim Johnson, *Armageddon* (1998) de Michael Bay,

Gladiator (2000) de Ridley Scott, *Life Aquatic* (2004) de Wes Anderson, *Interstellar* (2014) y *Dunkerque* (2017) de Christopher Nolan, varias entregas de las franquicias de *Piratas del Caribe* y *Transformers*, muchos títulos de animación de Disney y otros estudios, y diversos films de superhéroes.

NAPOLEON MURPHY BROCK

Aunque se había curtido tocando saxo y flauta en los locales de la Bay Area del sur de San Francisco, tras una adolescencia complicada en la que pasó por distintos centros de detención y de educación especial, Brock (1945) se convirtió hacia 1974 en una de las piezas más importantes del universo Zappa por su manera de cantar, tanto en las partes solistas como haciendo coros complementarios. Participó en los tres últimos discos de The Mothers, *Roxy & Elsewhere, One Size Fits All* y *Bongo Fury*. Tiene varios discos orientados hacia el funk, como *Balls* (2002), así como un curioso y fogoso artilugio en el que rindió tributo a Zappa a partir de las canciones que le gustaban, *This Is What Frank Zappa Heard* (2011), crónica de un concierto en Hawaii tocando versiones de James Brown, Isaac Hayes, Carole King, Luther Ingram y Herbie Hancock.

RALPH HUMPHREY

Nacido en Berkeley en 1944, comenzó en la banda del trompetista Don Ellis. Su cometido con Zappa fue breve, pero muy activo, con un estilo muy fino de baquetear en *Over-nite Sensation*. Participó también en *Roxy & Elsewhere* y, fuera de The Mothers, en *Apostrophe*. Tocaría después en grabaciones y directos de Wayne Shorter, Manhattan Transfer, Al Jarreau, Barbra Streisand o Bette Midler, muy poco que ver con la etapa *mothers*. Ha trabajado también en cine, televisión y publicidad. Profesor de música en la Academia de Música Los Ángeles, desarrolló en los años ochenta un programa específico de estudios de batería para el Percussion Institute of Technology de Hollywood.

CHESTER THOMPSON

Batería poderoso y permutable, capaz de adaptarse a los estilos más diversos, del jazz al rock sinfónico (ha tocado con The Mothers, Weather Report, Ahmad Jamal, Freddie Hubbard, Genesis, Fowler Brothers, Phil Collins, Steve Hackett, Bee Gees, John Fogerty, Taj Mahal, Dave Liebman), participó en los dos últimos discos de la banda y en un par de canciones de *Bongo Fury*. Recuperando la ironía de los créditos de los primeros discos, en *One Size Fits All* aparece con el mote de

«víctima de un gorila». En el directo *Roxy & Elsewhere* se complementaría bien con Ralph Humphrey. Nació, como Zappa, en Baltimore, en 1948, y se dedica desde hace años a la enseñanza de la batería, como Humphries, en la universidad de Belmont. Ha publicado dos discos de fusión, A *Joyful Noise* (1991), en el que tocan los Fowler, *y Steppin'* (2019), revival un tanto anacrónico de bajos *funky*, pianos eléctricos aéreos y trompetas con sordina.

JEFF SIMMONS

Recuperado por Zappa como guitarra rítmica para los conciertos en The Roxy, Hollywood, de diciembre de 1973, capturados en el doble *Roxy & Elsewhere*, ya que previamente había tocado el bajo en *Chunga's Revenge* y la guitarra hawaiana en *Waka/Jawaka*. Natural de Seattle, nacido en 1949, se instaló en Los Ángeles

con su banda, Easy Chair, después de actuar en el festival celebrado en esta ciudad en diciembre de 1968 para presentar en público el sello Bizarre. Easy Chair se disgregaron pronto y Simmons compuso en solitario la banda sonora de *Naked Angels* (1969), característica serie B de moteros dirigida por Bruce D. Clark para la compañía de Roger Corman. Zappa le produjo el álbum sicodélico *Lucille Has Messed my Mind Up* (1969), en el que tocaron él mismo, con el seudónimo de

La Marr Bruister, e Ian Underwood. Zappa debía tenerle bastante estima a esta obra, ya que las dos canciones que escribió para Simmons, la que da título al disco y «Wonderful Wino», las revisaría en dos de sus álbumes, *Joe's Garage* (1979) y *Zoot Allures*, respectivamente. Simmons formó parte de The Mothers en 1971, pero abandonó el grupo antes de la gestación de *200 Motels*. De vuelta a Seattle en los ochenta, tocó con distintas bandas locales. En 2004 publicó un nuevo disco dedicado íntegramente al blues, *Blue Universe*.

JOHNNY GUITAR WATSON

Un clásico del blues de Texas, del soul y el *rhythm'n'blues*, que en la década de los setenta se reinventó con el funk. Nacido en 1935, y fallecido en 1996,

mientras actuaba en Yokohama, se convirtió en una de las principales referencias de Zappa, quien aseguraba que un tema de Watson le había empujado a tocar la guitarra. Se trata de «Three Hours Past Midnight», un blues arrastrado, con rotundos punteos que Zappa, efectivamente, haría suyos, al igual que el juego de vientos. Jimi Hendrix también la consideró una de sus influencias. Fue grabada hacia 1956 y daría título después a un recopilatorio de Watson editado en 1986. Zappa le devolvió el favor invitándole a cantar en dos temas de *One Size Fits All* y, después, a tocar la guitarra en su disco *Them or Us* (1984).

DENNY WALLEY

Visto y no visto, al menos en The Mothers: toca la guitarra *slide* y canta en *Bongo Fury*. Lo mismo haría, pero adquiriendo el rango de unos de los personajes principales, en la subversiva ópera rock en tres actos *Joe's Garage*. Nacido en Pensilvania en 1943, se trasladó con su familia a Lancaster a mediados de los cincuenta, y allí entabló amistad con Zappa, su hermano Bobby y Don Van Vliet. Aunque tarde –antes fue miembro de los Geronimo Black de Jimmy Carl Black–, acabó tocando en las bandas de los dos: Zappa y Bobby le habían maravillado en la adolescencia con su colección de vinilos de blues de 45 rpm y Vliet le puso el apodo de Feelers Rebo. El reencuentro para las sesiones de *Bongo Fury* no fue fácil. Walley recordaba que hacía años que no veía a Zappa y que este se había convertido en una institución. Estaba nervioso, Zappa le puso a prueba con una canción que necesitaba ser tocada con la *slide* con notas muy bajas, la pasó con éxito y aportó el sonido de blues crudo que el disco necesitaba.

TERRY BOZZIO

De origen italo-estadounidense, nacido en San Francisco en 1950, Bozzio empezó su carrera tocando en *Bongo Fury* y en posteriores obras mayores de Zappa como *Zoot Allures*, *Zappa in New York* (1978), *Sheik Yerbouti* (1979) y *Shut Up 'n*

Play Yer Guitar (1981). Con él empezó a desarrollar su técnica basada sobre todo en la innovación con el bombo y en una métrica espasmódica. Zappa escribió una de sus piezas más complejas, «The Black Page», para set de batería y percusión, y fue Bozzio quien le dio la primera forma; hoy sigue considerándose muy difícil de interpretar. Es sin duda uno de los mejores baterías en toda la carrera de Zappa. Su ductilidad le ha llevado a tocar en directo incluso con bandas de *noise y metal* experimental como los Fantômas de Mike Patton. En 1980 se decantó por una línea de pop más comercial al montar la banda Mising Persons con su primera esposa, Dale Bozzio, y dos músicos más de Zappa, Warren Cuccurullo y Patrick O'Hearn. También ha estado ligado a dos grupos creados por músicos de King Crimson: en 1979 substituyó a Bill Bruford en U.K., formando trío con el bajista John Wetton y el teclista y violinista Eddie Jobson, mientras que en 2008 se asoció con Allan Holdsworth, Tony Levin y Pat Mastelotto en otra superbanda de *prog rock*, HoBoLeMa.

TRIBUTOS, ALEGATOS, UTOPÍAS Y GRANDES MADRES

Para completar la andadura de los miembros de The Mothers, nada mejor que el recopilatorio *Grand-mothers-An Anthology of Previously Unreleased Recordings by Ex-Members of The Mothers of Invention*, editado por Rhino Records en 1980. La selección incluye temas de proyectos en solitario de Jimmy Carl Black, los hermanos Bunk y Buzz Gardner, Don Preston, James *Motorhead* Sherwood y Elliot Ingber.

El título del disco de 1985 *Frank Zappa Meets The Mothers of Prevention* puede llamar a equívoco. No fue un puntual regreso de la banda con otra irónica inflexión en su nombre, sino uno de los artilugios políticos elaborados por Zappa para combatir al ala más reaccionaria que se organizaba para cuestionar el contenido de las letras de rock relacionadas con sexo o violencia. Era una campaña parecida a la del comité de actividades antiamericanas de los años cincuenta, y Zappa se posicionó, como veremos más adelante en el retrato político del personaje, con una intervención en el senado.

Varios de los músicos encuadrados en las filas de The Mothers o en otros colectivos de Zappa (Tom y Bruce Fowler, Arthur Barrow, Ed Mann, Ike Willis, Chad Wackerman y Tommy Mars) formaron The Band of Utopia para grabar el disco de homenaje *A Tribute to the Music of Frank Zappa* (1995).

Uno de los cuatro hijos de Zappa, Dweezil, crearía en 2006 otra banda, Zappa Plays Zappa. El grupo fue concebido por Dweezil para tocar en directo el repertorio de su padre. En los conciertos han sido invitados diversas *madres*: Simmons, Brock, Duke, Bozzio, Volman & Kaylan, Ponty y Thompson.

Dweezil Zappa.

Por lo que respecta a The Grandmothers, la banda de homenaje, o mejor, dicho, de auto homenaje, ha seguido activa hasta hace poco tiempo, reciclada en The Grandmothers of Invention para que nadie pudiera llevarse a engaño sobre lo que representan. Sus dos últimos discos son *Live in Bremen* (2018), que recoge un concierto celebrado en noviembre de 2014 en la ciudad alemana, y *Free Energy* (2018), grabado en estudio. La banda, en estas últimas encarnaciones, la han formado los irreductibles Don Preston y Bunk Gardner, más el batería Christopher Garcia, el bajista Erik Klerks y el guitarrista Max Kuttner, con aportaciones de Ed Mann, percusionista en varios discos de Zappa.

CAPÍTULO IV

ZAPPA & BEEFHEART,
¿AMIGOS Y RIVALES?

IV. ZAPPA & BEEFHEART, ¿AMIGOS Y RIVALES?

Con Zappa y Don Van Vliet, más conocido como Captain Beefheart –y no sería el único alías que utilizó a lo largo de su carrera–, ocurrió, a escala pequeña, algo similar a lo que durante décadas pasó, de manera bastante absurda, con los Beatles y los Rolling Stones, o con Bob Dylan y Neil Young: o se era de unos o se era de otros, como si el hecho de que pudieran gustar al mismo tiempo los arreglos pop de Lennon, McCartney y compañía y el sentido del *rock'n'roll* y el *rhythm'n'blues* de Jagger, Richards y cia. fuera una estupidez. Estas disyuntivas, que se han perpetuado en otros muchos campos, del cine a la literatura, del teatro al cómic, pasaron afortunadamente a mejor vida, pero en su momento suscitaron todo tipo de discusiones, a veces muy agrias. Incluso dos dramaturgos catalanes, Jordi Mesalles y Miquel Casamajor, se hicieron eco de ello cuando escribieron la obra *Els Beatles contra els Rolling Stones*, estrenada en el Teatro Romea de Barcelona en septiembre de 1981 y centrada en las rivalidades de dos bandas adolescentes definidas por dos arquetipos musicales en teoría antagónicos.

La sangre no llegó al río en el caso de Zappa y Beefheart, entre otras cosas porque eran buenos amigos y trabajaron juntos en varias ocasiones, pero cierta parte de la crítica y del público tomó partido por uno u otro. He llegado a escuchar, de gente con mucho criterio, que el único buen tema de *Hot Rats* es aquel en el que canta Beefheart, «Willie The Pimp». Es verdad que cuando Zappa empezó a tener un mayor éxito comercial y a llenar amplios auditorios en sus giras estadounidenses o europeas, algunos sectores consideraron que se había vendido a un mercado más *mainstream*, cosa que en ningún momento de su carrera hizo Beefheart: no hay ni una sombra de duda en su itinerario.

¿Amigos y rivales? Definitivamente no a lo segundo, aunque, partiendo de un similar ideario en cuanto a la música popular, Zappa acabó convertido en una estrella –rebelde, contestaria, iconoclasta, polémica, provocadora, *underground*, *freak*, pero estrella, al fin y al cabo–, mientras que Beefheart siguió siendo un independiente, aunque más bien un *outsider* (un extraño) antes que un *loser* (perdedor). Zappa le produjo un disco a Beefheart. Este colaboró en algunos álbumes de Zappa. Está claro quien gozaba de más prestigio y popularidad, además de una cierta posición de fuerza. Beefheart resultó un incordio menor. Su música era más minoritaria y lo asumía. Zappa llegó a dónde llegó por su productividad musical y el aprovechamiento mediático.

Beefheart acabó considerándose antes pintor que músico.

Habiendo sido siempre más esquivo, áspero y experimental, como demuestra toda su discografía al frente de la poliédrica Magic Band, la imagen y la postura de Beefheart se radicalizarían aún más, siguiendo un proceso inverso al de Zappa a partir de los años ochenta, cuando decidió abandonar la música por completo, retirarse a su casa en el desierto de Mojave y dedicarse solamente a la pintura, su otra gran pasión, desarrollando un estilo entre expresionista y abstracto. De hecho, Beefheart acabó considerándose antes pintor que músico, pese a que en ambos campos dio muestras de un talento especial e inimitable.

ESCULTOR DE SONIDOS

Definido acertadamente como un escultor de sonidos antes que músico, Don Glen (Van) Vliet nació en la localidad californiana de Glendale el 15 de enero de 1941. Hizo mucho en muy poco tiempo, ya que dejó la música cuando estaba en un momento creativo álgido, a principios de la década de 1980. Falleció en diciembre de 2010 a consecuencia de las complicaciones derivadas de una esclerosis múltiple. Su familia era de clase media y de origen holandés e inglés, y en algunas entrevistas llegó a decir que había

El joven Don Vliet.

nacido con los ojos abiertos porque, en realidad, no quería nacer. En la época escolar dejó de asistir muchas veces a clase para dedicarse a su primera opción artística, la escultura, especializándose en pájaros, peces y animales moldeados a partir de pastillas de jabón humedecidas. En esta forma de trabajar recuerda un poco a David Lynch, pintor y músico como él, además de cineasta, autor de esculturas instantáneas con fecha de caducidad y kits biológicos de peces, pollos, patos y ratas troceados dispuestos rigurosamente en un papel para ser montados de nuevo, una práctica de Lynch en sus primeros años.

Don Van Vliet.

No es de extrañar que el director de *Cabeza borradora* (*Eraserhead*, 1976) apareciera en el cortometraje documental que el fotógrafo, cineasta y realizador de video clips Anton Corbijn le dedicó en 1993, *Some YoYo Stuff. An Observation of the Observations of Don Van Vliet by Anton Corbijn*. En esta aproximación casi daliniana a Beefheart, aparece la madre del músico dejando en la arena una foto recortada de su hijo, el propio Vliet responde a unas preguntas sin entrevistador sentado frente a una pantalla por la que desfilan imágenes del desierto de Mojave y Lynch entra en escena planteándole aspectos relacionados con el sonido. El corto fue rodado en 1993, y editado diez años más tarde. En diciembre de aquel mismo año falleció Zappa, así que nunca sabremos si, de haber gozado de mejor salud, hubiera intervenido en este retrato a contracorriente de uno de sus mejores amigos.

Si Zappa hizo su particular revolución a través de la provocación, Beefheart utilizó antes la introspección y la extrañeza. A temprana edad desarrolló una especial conciencia acerca de la situación de los animales enjaulados en los parques zoológicos, como relata Guy Cosson en su libro sobre el artista, algo que entonces Beefheart asociaba indefectiblemente al modo de vida americano. En el instituto no aceptó nunca los roles sociales establecidos. Empezó entonces a desarrollar unos códigos narrativos apoyados en el sin sentido y en los constantes juegos de palabras, algo en lo que coincidiría plenamente con Zappa. En 1956 su familia se instaló en Lancaster, a cien kilómetros al este del centro de Los Ángeles, y fue matriculado en el instituto cercano a la base aérea en la que se había instalado la familia de su futuro amigo.

Se ha hablado mucho de influencia de Zappa en Beefheart, pero quizá sería conveniente empezar a evaluar la influencia a la inversa. Según recordaba Zappa, Beffheart le propuso acompañarle un día a la salida del instituto. Vestía todo de negro y lucía una perilla parecida a la de Dizzy Gillespie: la fisonomía de Zappa también es indisociable de su mostacho y su pequeña perilla bajo el labio inferior. Además, para pasmo del alumnado en general, Beefheart conducía un Oldsmobile modelo de 1949, un auténtico cochazo. Claro que ninguno llevaba en la época la efigie de un hombre lobo en el volante, como percibió Zappa de inmediato. Beefheart parece ser que le dijo que dejarán los estudios y que se fueran a la aventura.

Nunca llegó a ocurrir, lo de irse a la aventura. Si se hizo realidad la primera parte del plan: Beefheart dejó pronto los estudios. En aquellos primeros encuentros entre colegas, tras pasar por la panadería de su padre y proveerse de pasteles se instalaban en casa de Beefheart y escuchaban los discos de este hasta altas horas de la madrugada. Algo de *doo woop* y mucho, muchísimo, de blues, *rhythm'n'blues* y cualquier cosa relacionada con la música negra, de los *bluesmen* Howlin' Wolf (Chester Burnett), Sonny Boy Williamson y Son House, al jazz de vanguardia de Ornette Coleman, John Coltrane y Cecil Taylor, pasando por el country blues de Lightnin' Hopkins. Estos serían los más conocidos, pero entre los tesoros vinílicos de Beefheart se encontraban también discos de Guitar Slim, Lowell Fulson, Clarence Gatemouth Brown, Johnny Guitar Watson y Elmore James. Un gran abanico de música blues y, especialmente, de guitarristas. Zappa fue un autodidacta de la guitarra, y lo primero que aprendió fue el modo de tocar de estos músicos que escuchaba con su amigo hasta las tres o las cinco de la madrugada, como si no hubiera un mañana.

El abuelo de Beefheart había tocado la guitarra *slide* estilo blues, así que, siendo blanco, lo único que le interesaba era los géneros musicales desarrollados por los negros. Zappa encontró en esa influencia un buen caldo de cultivo para empezar a hilvanar sus intereses sonoros. Además, les unía su rechazo a la sociedad de consumo estadounidense. Quizá una cosa llevaba indefectiblemente a la otra: la sociedad blanca había sometido y expoliado la cultura negra, y los afroamericanos no tenían sitio en ese *american way of life* que en la década de los cincuenta aún campaba a sus anchas. Zappa recordaría como en las tiendas de discos, mayoritariamente blancas, no había forma humana de encontrar los discos que Beefheart había atesorado. Seguro que los dos amigos habrían aplaudido a rabiar el cortometraje de Jim Jarmusch *Twins* (1989), perteneciente a su serie *Coffee and Cigarettes*, en el que dos jóvenes hermanos negros (Cinque y Joie Lee) le explican a un camarero cafeinómano (Steve Buscemi) como Elvis

Presley triunfó con «Mystery Train», una canción que le había «robado» al músico negro de blues Junior Parker.

Beefheart ya tocaba en bandas locales de Lancaster a finales de aquella década y formaría parte de The Omens a partir de 1963. Si entonces había añadido Van a su nombre, en homenaje a Van Gogh, y después llegó a explicar que Van Vliet era un pintor amigo de Rembrandt que nunca terminaba sus cuadros, asumió lo de Captain Beefheart sin que esté claro del todo de dónde surgió el apodo o nombre de guerra. En algunos libros se especula con que hacía referencia a unos tomates gigantes de California denominados *coeur de beef*, pero en realidad esta variedad se conoce como *beefsteak tomato*. Por aquel entonces, a ambos les interesaba mucho el cine: Zappa y Beefheart escribieron el guion de una película que, de haberse rodado, hubiera tenido el título de *Captain Beefheart Meets the Grunt People*. A la gente gruñona tampoco la soportaban.

Liberado hasta cierto punto de la relación/amistad/tutela de Zappa, o al revés, Beefheart formó su primera Magic Band en 1965 con uno de los miembros de The Omens, Alex St. Clair (de nombre real Alex Snouffer), Jerry Handley, Doug Moon y Paul Blakely. Empezaba una historia que, de un modo u otro, iría siempre en paralelo a la de The Mothers of Invention.

Entre 1967 y 1982, Captain Beefheart and His Magic Band, o Captain Beefheart and The Magic Band, publicaron doce discos de *avant rock y psycho-blues*: *Safe As Milk* (1967), *Strictly Personal* (1968), *Trout Mask Replica* (1969), *Lick my Decals Off, Baby* (1970), *Mirror Man* (1971), *The Spotlight Kid* (1972) –este acreditado a Beefheart en solitario, aunque toca todo el grupo–, *Clear Spot* (1972), *Bluejeans & Moonbeams* (1974), *Unconditionally Guaranteed* (1974), *Shiny Beast (Bat Chain Puller)* (1978), *Doc at The Radar Station* (1980) y *Ice Cream for Crow* (1982), además del disco con Zappa y The Mothers, *Bongo Fury* (1975).

Safe As Milk (1967).

Beefheart (voz, armónica, percusión, clarinete y saxos) contó con una amplia lista de excelentes músicos como John Frech (apodado Drumbo), Ry Cooder, Zoot Horn Rollo, Victor Hayden (primo de Beefheart, enmascarado tras el seudónimo de The Mascara Snake), Rockette Morton, Artie Tripp (Ed Marimba), Roy Estrada (rebautizado Orejón por el propio Beehheart), Ira Ingber, Jeff Moris Tepper, Bruce Fowler, Eric Drew Feldman (que años después tocaría teclados con Pere Ubu, PJ Harvey, The Residents y Black Francis) y el entonces percusionista Cliff Martinez, célebre después por sus bandas sonoras electrónicas para Steven Soderbergh y Nicolas Winding Refn.

Uno de los músicos más importantes que se curtió en la etapa final de la Magic Band fue Gary Lucas, polifacético, innovador y también inabarcable gui-

Gary Lucas.

tarrista al que podemos encontrar junto a Jeff Buckley, Hal Willner, Josef van Wissem, Peter Hammill, Urfaust, Nona Hendryx y la cantante anglo-india Najma Akhtar; al frente de sus propia bandas, Gods and Monsters, The Killer Shrews y Gary Lucas' Fleischerei –combo formado para versionar la música de los *cartoons* de Max Fleischer–; realizando particulares scores para clásicos del cine mudo y los primeros años del sonoro, o liderando la Magic Band post-Beefheart. Al empezar el confinamiento en 2020 a causa de la pandemia provocada por el covid-19, Lucas fue de los primeros en utilizar internet como modo de expresión y liberación, realizando actuaciones en solitario todos los martes, jueves y sábado, que después colgaba en su página de Facebook. Lucas es autor del artículo «Don Van Vliet and Frank Zappa: Two Peas in A Misshapen Pod», publicado en enero de 2021 en la web Captain Beefheart Radio Station, en el que ofrece su visión de los dos, y de lo que hicieron al alimón, a partir de esta idea tan naturalmente *freak* de los dos guisantes en una misma vaina deformada.

La influencia de Beefheart en muchas bandas de post punk *postrock*, *noise* y rock independiente es manifiesta, más que la de Zappa. En 1988 se publicó el disco de tributo *Fast'n'Bulbous*, con versiones realizadas por Sonic Youth, XTC, The Beat Poets, That Petrol Emotion y The Mock Turtles, entre otros. El mismo Gary Lucas y el saxofonista Phillip Johnston adoptaron el nombre de Fast'n'Bulbous para su peculiar y vitamínico ejercicio de revisión del temario de Vliet, subtitulado The Captain Beefheart Project, con el que editaron dos discos, *Pork Chop Blue Arount the Rind* (2005) y *Waxed Oop* (2009). Esta reinterpretación derivaría en una aventura curiosa, entre revivalista y experimental, bajo el nombre directo de The Magic Band, en la que Lucas unió esfuerzos con otros dos ex componentes de la banda, John French y Rockette Morton, más el guitarrista Denny Walley, amigo común de Zappa y Beefheart. Dos buenos discos en estudio, *Back to the Front* (2003) y *21st Century Mirror Man* (2005), a los que cabe añadir el directo *1: Oxford, UK. June 6, 2005* (2011), capturan bien esta forma de homenajear y reinventar su música.

PROXENETA Y ARMONICISTA

La primera colaboración entre Beefheart y Zappa se produce en un disco del segundo, *Hot Rats*. Resulta difícil imaginar la canción «Willie The Pimp» sin la voz del primero. Zappa le hizo interpretar su relato naturalista en torno al joven proxeneta que Beefheart asume en primera persona con su díscola entonación en cuatro octavas y media: «Soy un pequeño chulo con el pelo engominado/ Encuéntrame en la esquina, chico, y no llegues tarde/Hombre en una suite con cuello de pajarita/¿Quieres comprar un gruñido con un cheque de un tercero?». A muchos pudo parecerles algo parecido a cuando Charles Chaplin invitó a Buster Keaton a participar en una secuencia de su película *Candilejas* (*Limelight*, 1952): el triunfador Chaplin le daba una pequeña oportunidad al perdedor Keaton. Había circulado el rumor de que Beefheart estaba en fase autodestructiva, había quemado los manuscritos de sus canciones y poemas y Zappa le daba una oportunidad. Pero nada de eso. Beefheart ya había registrado sus dos primeros discos con la Magic Band y *Hot Rats* tan solo era el primer elepé como solista de Zappa, así que se trataba de una buena colaboración entre amigos.

Reunión de The Magic Band en un concierto del año 2014 en Manchester.

Hot Rats salió al mercado en octubre de 1969 y cuatro meses antes había aparecido *Trout Mask Replica*, el tercer álbum de Beefheart. Los dos anteriores los habían producido Bob Krasmow y Richard Perry y fueron grabados en los estudios Sunset Sound de Hollywood. Beefheart y su banda, completamente remodelada, querían otro tipo de sonido para el disco, doble, que acabaría confirmándoles como uno de los mejores grupos de rock experimental del momento. La amalgama estilística era muy propia de Zappa, con blues, garaje rock y free jazz, así que resultó bastante lógico que él se encargara de la producción del disco, lo registrara y editara en crudo, sin demasiadas mezclas, y encargara el diseño a Cal Schenkel.

Se grabó además en unos estudios de Glendale, ciudad natal de Beefheart, y lo lanzó el sello de Zappa. Está considerada la obra maestra de la Magic Band, alabada por gente tan diversa como el influyente radiodifusor John Peel, el músico Pascal Comelade y el creador de *Los Simpson* (*The Simpsons*), Matt Groening, a pesar de que en la primera y adolescente escucha del disco confesaba haberse enfadado mucho con Zappa por la cacofonía sonora que había registrado.

No fue una obra maestra instantánea, sino que tuvo que pasar un cierto tiempo para que las piezas encajaran y esta oda a la anti-música se convirtiera en un disco de cabecera para muchos artistas. El tiempo siempre pone todas las cosas en su sitio. Beefheart se sentía, quizá por primera vez, y gracias al apoyo de Zappa, dueño y señor de su destino. Tanto que fue entonces cuando empezó a poner apodos a sus músicos. Lo hizo por cuestiones casi filosóficas: quería que se desmarcaran de la influencia de sus padres, alejarlos de su árbol genealógico. Es por eso que John French se convertiría en Drumbo, Mark Boston en Rockette Morton, Bill Harkleroad en Zoot Horn Rollo y el guitarrista Jeff Cotton pasó a llamarse Antennae Jimmy Semens. Nadie, con la excepción de French, tenía formación musical. Beefheart y Zappa abogaron por la idea de los no-músicos que, tiempo después, desarrollaría Brian Eno en otros ámbitos sonoros.

Esta árida epifanía de rock de vanguardia cuenta con piezas como «Moonlight on Vermont», un blues declamado, arenoso y de apariencia desastrada, construido en progresión mediante las guitarras tan peculiares de Zoot Horn Rollo; y «Pachuco Cadaver», otro tema de blues cortocircuitado, con reminiscencias al propio Zappa y a Tom Waits y ribeteado por un saxo tenor desquiciado, que dos décadas después de la publicación del álbum daría nombre a un dúo hispano-argentino de pop bizarro y experimental formado por Guillermo Piccolini y Roberto Pettinato; en la primera estrofa de esta canción se hace alusión a un calamar rápido y bulboso, es decir, *fast and bulbous*, el nombre del disco y de la banda de homenaje a Beefheart. Zappa y la mayoría de The Mothers participaron sin acreditar, y casi por debajo de la pista de sonido, en la correosa «The Blimp (Mousetrapreplica)», aportación fantasmal de unos músicos –o no-músicos– que podían sentirse tan cómodos tocando con uno y con otro.

La armónica de Beefheart otorgó después patina *bluesy* a «San Ber'dino», tema de *One Size Fits All*, el último disco de The Mothers of Invention como tales, lanzado en 1975. Zappa invoca sus orígenes blues con la participación vocal de Johnny Guitar Watson y esta contribución de Beefheart, escudado tras el nombre de Bloodshot Rollin' Red, además de contar la historia de una chica llamada Bobby que vive en el familiar paraje de Mojave. Menos de un año después, la armónica de Beefheart, ahora acreditado como Donnie Vliet, volvería a incrustarse en una canción de Zappa, «Find Her Finer», perteneciente a *Zoot Allures*. Aquí la armónica crea una intermitente paisajística blues en segundo plano, punteando una narración musical mucho más cadenciosa, con ese lirismo melódico tan habitual en Zappa, entre el intimismo y la socarronería.

LA FURIA DEL BONGO EN ARMADILLO

Entre estas dos colaboraciones saldría el único disco realizado a medias por los dos amigos, *Bongo Fury*, registrado en dos actuaciones en directo de mayo de 1975 en el Armadillo World Headquarters de la localidad tejana de Texas. Aunque produce Zappa, siete de los nueve temas le pertenecen, por solo dos escritos por Beefheart, y el resto de los músicos formaba parte de The Mothers, con la excepción de Bruce Fowler, que militaba también en la Magic Band, *Bongo Fury* es un disco muy equilibrado entre los intereses de ambos.

No hay colisión, sino entendimiento. La voz reseca de Beefheart fluye bien entre las armonías vocales proporcionadas por el propio Zappa, George Duke y Napoleon Murphy Brock en cortes como «Carolina Hard-Core Ecstasy». Cuando es Beefheart quien domina el concepto vocal, como en la narración de «Sam with the Showing Scalp Flat Top», uno de sus dos temas, la música fluye distinta, como un discordante blues sicótico que concluye con aires de jazz.

Cartel del concierto donde se grabó *Bongo Fury*.

En el otro tema compuesto por él, «Man with the Woman Head», vuelve a declamar más que cantar, pero ahora el fondo es más propio de una pieza disidente de minimalista *free jazz*. Zappa toma el relevo como narrador en la pieza que cierra el disco, «Muffin Man», aunque si bien Beefheart relata como si viviera en solitario en pleno desierto, Zappa emula a los monologuistas satíricos que tanto le gustaban.

Siendo un disco en vivo, demuestra como siempre en Zappa el gusto por la edición, así que algunos fragmentos de tres temas habían sido registrados antes en estudio y ensamblados después. Uno de ellos es «Cucamonga», en el que se evocan aquellos primeros tiempos en el doméstico estudio de grabación, un lugar, como expresa la letra de la canción, donde Zappa y sus amigos tuvieron la oportunidad de jugar, probar y tomar otras direcciones. El estudio como organismo vivo.

Pero en directo, mecidos por el placer de la improvisación, nada mejor que «Advance Romance», un viaje más hacia los ancestros blues con el peso del piano y los solos en sucesión de Zappa y Beefheart a la guitarra y la armónica, formidables los dos, pero especialmente mágico el del líder de la Magic Band.

El sentido del humor de ambos músicos está bien presente en *Bongo Fury*, aunque va del gusto por el absurdo de Beefheart, con sus historias de cueros cabelludos escalpados y hombres con cabeza de mujer, a las ocurrencias jocosas de Zappa con hombres magdalena, éxtasis hardcore y el travieso título de «Debra Kadabra».

Dos últimas colaboraciones de Beefheart en obras de Zappa se encuentran en *Thing-Fish* (1984) y la cuarta entrega de la serie de compilaciones en directo *You Can't Do That on Stage Anymore*, aparecida en 1991. *Thing-Fish* es un disco triple, banda sonora de un musical de Broadway que nunca existió. Se grabó entre 1980 y 1984, así que podría ser una de las últimas apariciones como músico de Beefheart, retirado de la escena musical en 1982. Aunque no está acreditado, participó en «Artificial Rhonda», otro texto subversivo, marcado por un ritmo juguetón dilapidado a la mitad del tema por la armónica de Beefheart, que cuenta la historia de una chica con una cabeza de goma a la que su propietario llama por las iniciales de su nombre, en una especie de alusión a una de las partes más conocidas de «Gloria», la canción de Van Morrison y Them.

You Can't Do That on Stage Anymore, Vol. 4 incluye la versión de un tema de *Zoot Allures*, «The Torture Never Stops», en lectura bastante distinta. En la toma del disco original no aparece Beefheart, pero en esta vuelve a establecer con su armónica un sugestivo diálogo con la guitarra de Zappa sobre una larga y sostenida pauta de *rhythm'n'blues* a la que se incorpora una musculosa sección de vientos. No hay vencido ni vencedor en el duelo, solo la sensación de que los dos viejos amigos de Lancaster seguían entendiéndose muy bien. La versión aparecida en *Zoot Allures* la interpretan el batería Terry Bozzio y Zappa tocando el resto de los instrumentos, incluyendo… ¡la dirección de actividades recreativas!

Frank Zappa y los miembros de The Mothers of Invention de paseo por Londres.

CAPÍTULO V

LA POLÍTICA DEL PERSONAJE
PÚBLICO, O LA PUBLICIDAD DEL
PERSONAJE POLÍTICO

V. LA POLÍTICA DEL PERSONAJE PÚBLICO, O LA PUBLICIDAD DEL PERSONAJE POLÍTICO

Denunciado por la Iglesia católica. Vetado en muchas emisoras de radio. Investigado por la policía. Enemigo de la extrema derecha y de la extrema izquierda. Rival de las asociaciones conservadoras. Polemista nato, sin pelos en la lengua. Provocador sobre un escenario y en las entrevistas. Comentarios misóginos. Actitud despótica con sus propios músicos. Distante con sus hijos.

Zappa fue un enemigo visceral de todas las instituciones, básicamente porque siempre estuvo en contra del sistema. Y en eso fue muy coherente, aunque sus enemigos acérrimos, en lo político y en lo musical, lo nieguen: desde sus primeras actuaciones desafiando al público hasta sus comparecencias en el Senado por cuestiones ligadas a la censura que quería instaurar la industria discográfica. Un espíritu libre, aunque muy incómodo para todo el mundo. Y contradictorio, por supuesto. ¿Quién no lo es, artista conocido o ciudadano anónimo? En todo caso, nunca pretendió ser ejemplo de nada.

Entiendo el malestar y la antipatía que despiertan Zappa, incluso en aquellos a los que les interesa su música, aunque también he leído comentarios muy

Zappa, siempre provocador.

tajantes contra su personalidad de gente que confiesa que no le interesa lo que hacía musicalmente y, por eso mismo, les resulta más fácil cuestionarlo como individuo. Una actitud dudosa. Me cuesta aceptar que no lo vean como una de las personalidades más consecuentes que tuvo la música popular estadounidense entre finales de los años sesenta y principios de los noventa.

No hay división posible entre el personaje público y el privado. Sin embargo, escuchando de nuevo sus discos, revisando entrevistas, leyendo artículos en torno a él y buscando entradas en las enciclopedias y ensayos sobre rock –no muchas, la verdad, y a veces un tanto caricaturescas–, emerge siempre la figura de alguien que nunca hizo nada que contradijera sus principios en el terreno artístico y social.

Otra cosa son sus declaraciones sobre las relaciones de pareja o las *groupies*, sobre las que nos centraremos más tarde, en un contexto muy determinando en el que se decían cosas que entonces se aceptaban, incomprensiblemente, y que hoy no pasarían, afortunadamente, los límites mínimos de la nueva corrección política.

El documental de Alex Winter, *Zappa* (2020), es una buena mina de información rigurosa que complementa, y en algunos casos pone en evidencia, el ingente material que hasta entonces se conservaba de Zappa. No solo por la selección de imágenes de archivo procedentes de las televisiones y las entrevistas con antiguos colaboradores suyos, sino porque el director tuvo acceso a su casa en Laurel Canyon, donde conservó los másteres de todos sus discos, cintas con improvisaciones, grabaciones en vídeo, films caseros en Super 8 de distintas épocas y carpetas llenas de recortes de periódicos, contratos y otros documentos. Minucioso como pocos, Zappa lo conservó y archivó todo, así que su vida puede ser, hasta cierto punto, desvelada en la mayoría de sus aspectos.

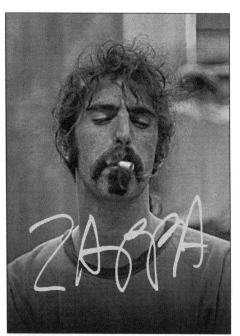

Alex Winter, *Zappa* (2020).

CINE, QUÍMICA Y TARJETAS DE FELICITACIÓN

¿Fue la música lo primero, o lo más importante? Aunque parezca mentira, no lo fue. Hasta los trece años, lo que le interesaba realmente era el cine. Al no poder filmar sus propias ficciones, se dedicó en esos años incipientes a reeditar las películas domésticas de sus padres, dándoles un significado distinto a través del montaje: cine de apropiación antes de que este concepto existiera. Además del cine, en especial las películas de monstruos, cuanto más cutres, mejor, le atraía mucho la química. Su padre traía a casa a veces las probetas y máscaras antigás con las que trabajaba. Para el joven Francis era algo muy atractivo, aunque su salud se resentiría. Su padre estaba enfrascado en pruebas con el gas nervioso y algo de aquello impregnaba el ambiente, las probetas, las máscaras. El resultado fue el asma que le acosó durante bastantes años de su juventud.

Para demostrar que cualquier axioma es inútil con Zappa, un dato relevador: antes compuso música orquestal que *rock'n'roll*. Siempre estuvo muy presente en su obra la influencia de Varèse y su «Ionización», o de Stravinski y la suite de «El pájaro de fuego», por no mencionar a Ravel y su «Bolero», un ascendiente directo en el patrón rítmico de algunas piezas de Zappa.

Nada de lo que hacía, incluso lo más trivial para ganarse la vida, estaba sujeto a la ortodoxia. Siempre se sintió cómodo en el requiebro, la sorpresa. Entre 1964 y 1965, por ejemplo, estuvo empleado en una empresa de tarjetas de felicitación y en una de ellas dibujó un cráter lunar con la frase «Jesús te ama» escrita en la piedra para demostrar que los norteamericanos llegarían a la luna antes que los soviéticos. No erró mucho el tiro, aunque la veracidad del alunizaje del Apolo XI en la superficie lunar el 20 de julio de 1969 siga estando en entredicho.

Z (COMO Z...)

Tras su periplo por distintas bandas del área de Lancaster y la gestación de los primeros Mothers of Invention, aún un combo incipiente, divertimento y provocación a partes iguales, su primera aproximación profesional a la música llegó con la compra de unos estudios de grabación en la localidad de Cucamonga –en realidad Rancho Cucamonga–, en el condado de San Bernardino –al que Zappa dedicará alguna canción–, que se convirtió tanto en una forma de trabajo como de estilo de vida.

Ya hemos hablado de algunas de las cosas que sucedieron en aquel estudio casero bautizado Studio Z, como el arresto por haber grabado unas cintas eróticas para una supuesta despedida de soltero. Hay dos momentos en la vida de Zappa que variaron completamente su perspectiva. De una, la caída del escena-

Rancho Cucamonga.

rio que lo mantuvo varios meses en una silla de ruedas, nos extenderemos después, ya que está ligada al precio de la fama. La otra, relacionada con ese arresto policial, le indujo a acrecentar su odio hacia el sistema: por aquel engaño, ya que las cintas se las solicitó un agente encubierto de la brigada antivicio, Zappa pasó seis meses entre rejas y tres años en libertad condicional.

Studio Z. Entonces, a mediados de los sesenta, no tenía otro significado que ser la primera letra del apellido del músico. Después, Z es el título de una famosa película de cine político realizada por Costra-Gavras en 1969. Z de El Zorro, justiciero enmascarado de ficción que robaba a los ricos para dar los pobres. ZZ Top, *power trio* de rock duro caracterizado por sus prominentes barbas; no una, sino dos ZZ. Z (*Comme Z*), título de una parodia sobre zombis dirigida por Michael Hazanavicius en 2022. Este título subsistió solo unas semanas. Las presiones por parte de políticos y artistas ucranianos obligaron a cambiarlo por uno que no incluyera la Z mayúscula. El film se llama ahora *Coupez!* (*Final Cut* en su versión internacional) y, aunque sigue teniendo una z, esta es minúscula.

A las dos semanas de comenzar la invasión de Ucrania por parte de las fuerzas rusas, la letra Z, impresa en tanques o utilizada en las redes sociales, se transformó en símbolo de apoyo a la invasión. Así que, según determinadas perspectivas, la Z es una letra desterrada. Permítame el lector esta pequeña digresión, pero es imposible escribir cualquier cosa en los primeros meses del año 2022 sin tener presente el conflicto entre Rusia y Ucrania y pensar en lo que Zappa, una Z mayúscula, podría haber opinado sobre la contienda de estar vivo.

Los Studio Z fueron una forma de trabajo musical, pero también una primeriza fuente de ingresos. Zappa vivía y comía allí; de hecho, acabó instalándose en el estudio cuando se separó de su primera esposa, Kay Sherman, con la que estuvo casado entre 1960 y 1964. En el Z se reunía con los músicos locales con los que congeniaba para hablar de música y hacer probaturas. El precio de alquiler del estudio era de trece dólares con cincuenta centavos por hora, lo que ya le enemistó con la industria: el coste de los estudios «profesionales» era bastante superior.

La creación de este estudio de grabación resulta más importante desde una perspectiva histórica, habida cuenta del laboratorio expresivo en el que Zappa convertiría el acto de grabar y de mezclar en muchos de sus trabajos, en consonancia con lo que, en la edad adolescente, había hecho reeditando las películas caseras de sus padres. Allí trabajó con un material preexistente. En sus discos operaba sobre materiales propios que, en muchos casos, encontraban su verdadera razón de ser después del laborioso proceso de edición. En otros casos, el material en crudo era más que suficiente.

El trabajo en el estudio gestó igualmente una manera de componer y de tocar. En las primeras actuaciones de The Mothers of Invention en el Whisky A Go Go de Los Ángeles, se lanzaban en improvisaciones de más de veinte minutos. Ian Underwood recordaría después que cada concierto del grupo era, en realidad, una larga composición que se desarrollaba según las directrices de Zappa.

En el área californiana se produjo una de las primeras fracturas importantes: se dio cuenta inmediatamente de que no conectaba con la comunidad hippy ni con el consumo de drogas, ni con Mamas and the Papas ni con el sueño californiano de la canción «California Dreamin», el gran himno de aquellos años de amor y paz.

El relato hippy le parecía insustancial y burgués. Zappa arremetió contra ellos de la misma forma con que lo hizo después con la extrema derecha o las censuras gubernamentales. No los puso al mismo nivel.

El sueño californiano.

Simplemente no se creyó nunca el ideario hippy del no a la guerra, las flores y el símbolo de la paz. Razón no le faltaría, a tenor de cómo termino la hipotética revolución hippy defenestrada en 1976 con la aparición del punk. Las *madres* no tocaron ni en Woodstock ni en la Isla de Wight.

Era frío y distante con sus músicos. Siempre fue así. Algunos recodaban que, como mucho, les abrazó una o dos veces al final de una actuación. En cierto modo, estaban a su servicio. Lo sabían ellos. Lo sabía él. Era un pacto tácito, hasta que algunos se cansaban.

El guitarrista siempre en primer plano.

Según el guitarrista Steve Vai, que colaboró con él durante una década y tocó en álbumes como *Tinsel Town Rebellion* (1981) y *The Man from Utopia* (1983), los músicos eran para Zappa como las herramientas de un compositor. El guitarrista había llegado a decir que sus músicos eran monos amaestrados y a él le tocaba la figura del director del circo. Hizo buenas migas con algunos, irritó a muchos otros, congenió verdaderamente con solo tres o cuatro. Ruth Underwood sería una de esas tres o cuatro, aunque lo amaba tanto como lo odiaba. Aprendió mucho de él, decía, pero también lo sufrió.

Y si era así con quienes trabajaba día a día, imagínense con el resto del mundo, desde políticos, directores de emisoras discográficas, ejecutivos de casas de discos, burgueses en general y conservadores y reaccionarios en particular, hasta la propia prensa musical, que tanto le atacó, pero también tanto lo defendió: para Zappa se trataba de «gente que no sabe escribir que entrevista a gente que no sabe hablar para el consumo de gente que no sabe leer». Bueno, según esta sentencia tan rotunda, no solo la prensa, sino los músicos y los que leían sobre música eran imbéciles. Siempre haciendo amigos.

No los hizo, claro. Pauline Butcher, su secretaria en los tiempos californianos de Laurel Canyon que en breves páginas desvelaremos, publicó en 2016 el libro *¡Alucina! Mi vida con Frank Zappa* (*Freat Out! My Life with Frank Zappa* en el original), en el que le presenta como egocéntrico, engreído, vanidoso, machista, tirano, cínico y antisocial. Quizá sea cuestión de encontrar un punto medio porque, a toro pasado, es fácil desmontar a personajes que han arrastrado una considerable y controvertida aura pública.

Pauline Butcher y Frank Zappa.

Entre el creíble y crítico texto de Butcher y el carácter más hagiográfico de la película de Alex Winter convendría hallar esa zona intermedia, necesaria para evaluar tanto al personaje como al músico sin que por ello se deje de tener en cuenta lo que hizo y porqué o cómo lo hizo, o justificarlo todo en aras de que «los genios son así».

¿O acaso «Under my Thump» de los Rolling Stones no es una canción sexista y fue uno de los mayores epinicios de la banda británica? ¿No es Louis-Ferdinand Céline, el autor de *Viaje al fin de la noche* (1932), uno de los grandes de la prosa francesa y, sin embargo, fue manifiestamente antisemita y colaboracionista durante la ocupación alemana en la Segunda Guerra Mundial? Y con esto que nadie piense que pretendo comparar en términos artísticos a Zappa con Céline. Simplemente apunto equivalencias, rastros, sensaciones que se tienen ante unos y, ante otros, no.

En los últimos tiempos se han escrito muchas cosas interesantes (y críticas) sobre el Zappa mediático-polemista y el Zappa compositor-guitarrista –cada vez leo menos sobre sus virtudes a las seis cuerdas–, pero también demasiadas páginas centradas en su agria y engreída personalidad, en si era estúpido o antipático, poniéndose incluso en tela de juicio sus evidentes actitudes progresistas en contra del sistema, las mismas que jaleamos cuando las ejecutan estrellas «honorables» como Richad Gere o Javier Bardem. No hay nada como estar muerto o llegar al final de tu carrera para que el fango enlode al hombre y al nombre. Que se lo digan a Bob Dylan, Serge Gainsbourg y tantos más.

NEW YORK, NEW YORK

Volvamos a los tiempos angelinos, aunque en esta primera fase fueron breves, porque ya habrá más tiempo en centrarse en los vicios privados y públicas virtudes de nuestro hombre. The Mothers pintaban poco en una época que instauró el rock lisérgico y el amor libre, el verano del amor (1967) y el barrio *sanfranciscano* de Haight-Ashbury, el «Volunteers» antibélico de Jefferson Airplane y el «San Francisco» cantado por Scott McKenzie y convertido en lema y axioma de la generación hippy.

Sin sentirse desclasados, The Mothers se dieron cuenta de que sus sonidos chocaban con el sentimiento generalizado. Pasaron entonces del Whisky A Go

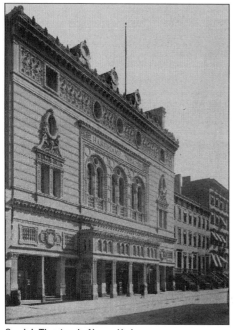

Garrick Theatre de Nueva York.

Go al Garrick Theatre de Nueva York, un vetusto local en la calle 35 que había sido construido en 1890. Enseguida gustaron más en el área neoyorquina, donde no había comunidades tan definidas como en California y menos prejuicios ante el tipo de música que practicaban.

Actuaron en el Garrick durante varios meses de 1967, diariamente, ante unas doscientas o trescientas personas cada noche. Zappa lo definió como teatro musical antes que conciertos de rock. Se convirtió en una suerte de happening en el que empleaba un lenguaje provocador, como el de Lenny Bruce, insultaba a los espectadores o los dejaba subir al escenario para interactuar. Sin duda debía ser toda una experiencia, ya que la mayoría de los asistentes repetía noche tras noche en aras de una comunión total.

Nick Cohn describe de este modo a The Mothers en su libro *Awopbopaloobop Alopbamboom. Una historia de la música pop* (2004): «Eran muy raros. Se daba por entendido que lo fuesen. Estaban jugando de nuevo el mismo juego de siempre, *épater le bourgois*, pero esta vez no se le llamó dadá ni existencialismo ni beat, se llamó *freak-out*. 'A un nivel personal' –escribió Zappa en lo que debería haber sido una declaración de principios–, 'el *freak-out* es un proceso por el cual un individuo se desliga de las viejas y limitadas formas de pensar, vestir y de comunicarse para expresar creativamente su relación con lo que le rodea de forma inmediata y con la estructura social como un todo».

Si pretendía epatar a los burgueses, lo logró, y durante bastantes años. No parecen, en retrospectiva, fuegos de artificio ni bravatas inconsistentes. Cohn prosigue en el breve espacio que le dedica a Zappa argumentando que «tomó los peores clichés del vodevil, del mundo del espectáculo y del *highschool*, los enlazó con pequeñas armonías desafinadas y declamatorias de su creación y convirtió el todo en una serie de operetas pop satíricas, de pesadillas americanas surrealistas. Probablemente fue el uso más consciente y articulado que se ha hecho del pop». Una excelente definición, aunque solo de una parte del temario *zappiano*.

Estar en Nueva York entonces, en 1967, no suponía en absoluto integrarse ni en la cultura ni en la contracultura de la ciudad. Zappa y sus músicos no aparecían por The Factory de Andy Warhol, por poner un ejemplo evidente de lo que se cocía entonces en el subterráneo artístico neoyorquino.

Es más, The Mothers of Invention y The Velvet Underground, el grupo de Lou Reed y John Cale, Moe Tucker y Sterling Morrison apadrinado por Warhol,

representaban dos polos distintos de una, por otro lado, similar ecuación sonora. Vale que a Zappa no le gustaran los relatos de heroinómanos, camellos, chulos y trans dibujados por Reed, pero en cuestiones de sonido, la Velvet suponía también una auténtica revolución.

Eran complementarios, o deberían haberlo sido, pero terminaron

The Velvet Underground.

odiándose a pesar de contar con el mismo productor, Tom Wilson, y la misma discográfica, Verve, para sus primeras grabaciones.

RETRATO DE TOM WILSON

A Tom Wilson (1931-1978), productor afroamericano, listo, culto y de religión baptista, lo llevaron una noche al Whisky A Go Go para ver una actuación de The Mothers. Le sorprendió que un grupo integrado solo por músicos blancos tocara blues. Le gustó la idea y decidió ficharlos. Parece ser que se fue a media actuación con las chicas con las que había llegado. No escuchó el resto del concierto, que ya tuvo muy poco de blues. De modo que, cuando semanas después entraron en el estudio para grabar *Freak Out!*, Wilson quedó sorprendido, igual no gratamente, con los sonidos que empezó a escuchar.

Estuvo en la gestación de obras fundamentales de estilos bien distintos. En 1955 creó un pequeño sello dedicado al jazz, para el que grabaron Sun Ra, Cecil Taylor y Donald Byrd. La aventura duró solo dos años. Pasó después por distintas discográficas hasta convertirse en el productor de moda de los nuevos sonidos de los sesenta, del folk al rock subterráneo. Estuvo detrás de los dos primeros discos de The Mothers of Invention hasta que Zappa tomó el relevo como productor de todos los demás. Wilson apadrinó el debut de Simon & Garfunkel con *Wednesday Morning, 3 A.M.* (1964). Produjo los dos primeros de la Velvet, *The Velvet Underground and Nico* (1967) –aunque solo está acreditado en la intimista «Sunday Morning» y Warhol como responsable de la producción del resto del disco, Wilson controló toda la grabación– y *White Light/White Heat* (1968), así como el estreno de Nico en solitario, *Chelsea Girl* (1967). Confió en Bob Dylan cuando esté electrificó su sonido a partir de *Bringing It all Back Home* (1965) y el sencillo «Like a Rolling Stone». Canciones de delicada orfebrería de Simon & Garfunkel o Nico junto a los espasmos ruidosos de la Velvet, la mescolanza provocativa de The Mothers y la rupturista electrificación del folk de Dylan. No contento con todo ello, Wilson también produjo varios discos de Eric Burton y The Animals, así como el primer álbum de Soft Machine en 1968, el inicio del sonido *patafísico* de Canterbury.

MOTHERS VERSUS VELVET

L as dos bandas, aún primerizas, habían tocado en uno de los festivales organizados por Bill Graham en el Fillmore de San Francisco, los días 27, 28 y 29 de mayo de 1966. La actitud en aquel evento de Zappa hacia la Velvet no

gustó demasiado a Warhol, aunque el mediático autor del lienzo de las sopas Campbell y director de películas de vanguardia extrema como *Sleep* (1963), *Couch* (1964) y *Chelsea Girls* (1966) no era, precisamente, un dechado de virtudes encantadoras.

Andy Warhol.

Hubo en 1966 otro concierto californiano con ambos grupos en el que saltaron chispas. Fue en The Trip, un local de Sunset Boulevard, en Los Ángeles. En la reciente biografía de Nico escrita por Jennifer Otter Bickerdike, *You are beautiful and you are alone* (2021), la autora relata como el club se llenó de personajes relevantes de la escena de Laurel Canyon –lugar en el que Zappa se instalaría al volver a Los Ángeles– y de Hollywood, con la presencia de miembros de The Byrds, Mama Cass de los Mamas and the Papas, Sonny y Cher, Jim Morrison y el actor Ryan O'Neal, entre otros.

The Mothers, representantes aún del rock de la costa Oeste, aparecieron como teloneros de The Velvet Underground, aún incipientes figuras emblemáticas del rock de la costa Este, y aunque no ocurre muchas veces, aquella vez pasó: la gente se entusiasmó con los secundarios antes que con las estrellas principales de la noche.

Según cuenta la biógrafa de Nico, «el público local de hippies y pacifistas aplaudió al grupo liderado por Zappa y abucheó a la Velvet, ataviados de negro. Esto provocó inmediatamente una rivalidad entre las escenas rock de las dos costas, un enfrentamiento entre el amor libre *flower power* y la energía anfetamínica».

No deja de ser una contradicción lo que ocurrió aquella noche, ya que una cosa es lo que celebraran los asistentes al concierto, y otra muy distinta lo que representaran los músicos que actuaban. Si Mama Cass, O'Neal y compañía jalearon a unos y abuchearon a otros –me cuesta creer que, a Morrison, entonces forjando el sonido anguloso de The Doors, no le gustará lo que proponía la Velvet–, no sería, precisamente, porque Zappa y sus madres comulgaran con los hippies pacifistas y *flower power* ni porque prefirieran Los Ángeles a Nueva York, como demostrarían después. La enemistad igual la originó la reacción de la gente, y de eso ni Zappa ni Lou Reed son culpables.

Claro que el autor de *Metal Machine Music* (1975) avivó el fuego cuando poco después declaró que Zappa era la persona con menos talento que había escu-

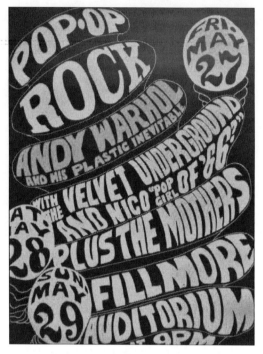

chado en su vida. Cuestión de egos, porque el autor de *Hot Rats* replicó, de manera muy poco elegante, boicoteando una posterior actuación de Nico. Una vez terminado el hierático set de la cantante, Zappa subió al escenario, se sentó frente a su armonio, empezó a tocar notas sin ton ni son y a recitar nombres de verduras imitando la entonación y los sonidos de Nico.

La herida nunca cicatrizó. Más de una década después, Warhol había conseguido la licencia para un *talk show* emitido a través de la cadena por cable Manhattan Cable TV. Tuvo tres periodos y tres nombres, *Fashion* (1979-1980), *Andy Warhol's TV* (1980-1983) y *Andy Warhol's Fifteen Minutes* (1985-1987). En una de las emisiones de 1983, Warhol se avino a entrevistar a Zappa. Bien, de hecho, la entrevista la condujo Richard Berlin, un fan entregado de ambos.

Se grabó en el estudio que Warhol tenía en The Factory. Sentados a la mesa estaban Warhol a la izquierda, Berlin en el centro y Zappa a la derecha. Tras hacerle una pregunta a Zappa, Berlin se gira hacia Warhol, quien mira al vacío. Esta fue la tónica durante todo el encuentro. No hubo interacción alguna entre los dos. Warhol no llega a abrir la boca. Zappa se explaya en sus respuestas, pero apenas mira a Warhol. Representaban, pese a haber sido disidentes del sistema, direcciones distintas en la contracultura artística. Para Zappa, Warhol debía figurar sin duda en su lista de *plastic people*.

LA VIDA EN LAUREL CANYON

De regreso a Los Ángeles en 1968 tras la experiencia neoyorquina, Zappa se instaló en el barrio artístico de Laurel Canyon, en el número 2401 de Laurel Canyon Boulevard. El 21 de septiembre de 1967 había contraído matrimonio con Gail Slotman, a la que conoció cuando esta trabajaba en el Whisky A Go Go como secretaria. Gail estaba embarazada de la que sería la primera hija de la pareja, Moon Unit, nacida justo a la semana siguiente de la boda. Después llegarían Dweezil (1969), Ahmet (1974) y Diva (1979), todos músicos menos Diva, que ha intervenido como actriz en varias películas y series televisivas.

Dweezil, Zappa y Moon Unit.

El idilio familiar de los primeros tiempos se rompería a causa de las disputas por el legado de Zappa, con Moon y Dweezil enfrentados a su madre y hermanos. Quizá todo habría sido más fácil si Gail hubiese seguido el consejo de su esposo, quien, antes de morir, le sugirió que lo vendiera todo y se fuera a pasar el resto de su vida en una isla tranquila. No lo hizo y se enemistó con sus hijos mayores, pero conservó los archivos de Zappa, una fuente permanente de información y nuevos descubrimientos. Gail falleció en 2015 a causa de otro cáncer, el de pulmón.

Tras este *flashforward* familiar, volvamos a la realidad de 1968, el año de todas las revoluciones –o al menos una parte importante– de la segunda mitad del siglo XX. Zappa y Gail compraron una casa en Laurel Canyon, un barrio que era algo más que un refugio para músicos de rock con una buena cuenta bancaria. Situado en Hollywood Hills, en Los Ángeles, albergó a partir de 1965 a los miembros de Buffalo Springfield, a Gram Parsons, Jim Morrison, Brian Wilson, Joni Mitchell, Jackson Browne, Carole King, Eric Clapton, Graham Nash, James Taylor, Mama Cass, Michelle Phillips o David Crosby.

Gail Slotman y Zappa.

Allí, de un modo u otro, entre cócteles, canutos de marihuana, cenas y sesiones de música improvisada, emergió el estilo folk rock y se escucharon los primeros acordes con las guitarras Rickenbacker de doce cuerdas, aunque varios de los citados no practicaran este género tan californiano.

Por la casa de los Zappa desfilaron Mitchell y Clapton, pero también músicos británicos como David Bowie, Jeff Beck y Mick Jagger. Un barrio artísticamente floreciente convertido en cruce de experiencias al influjo del cálido clima californiano, las drogas suaves –luego entró el LSD y la heroína, pero ya eran otros tiempos–, el amor libre y cierta sensación de colectividad artística.

Recordemos que Zappa se instaló en Laurel Canyon tras la experiencia neoyorquina. Esta descripción de Bob Stanley, perteneciente al capítulo sobre Laurel Canyon de su ensayo *Yeah! Yeah! Yeah! La historia del pop moderno* (2015), le viene como anillo al dedo a este cambio de residencia: «Imaginemos un atardecer neoyorquino: las sombras son alargadas y la luz tenue, pero los perfiles se recortan con dureza y nitidez. En Los Ángeles luce un resplandor distinto, más brillante, y los contornos se difuminan».

Stanley añade que la ciudad, en 1969, era el ecosistema perfecto para los trovadores soñolientos con tiempo libre y dinero en el banco, refiriéndose a Crosby, Stills & Nash. Zappa los debía mirar de reojo: ni soñoliento, ni tiempo libre ni folk rock. Una cosa no invalida a otra, por supuesto. Es tan importante musicalmente lo que hizo Zappa entonces como la propuesta de Crosby, Stills & Nash, especialmente cuando se les unió el ex Buffalo Springfield Neil Young y electrificaron más su sonido.

El autor de *Chunga's Revenge* estuvo ahí, en el meollo de la cuestión, pero participó poco del espíritu de la época. Su música no tenía demasiado que ver con ese espíritu. Los demás tocaban juntos: Crosby con Nash y Stephen Stills, Carole King con James Taylor. Zappa solo grabó alguna cosa con Clapton: circula en internet el audio de una preciosa *jam sesion* acústica de los dos, de siete minutos de duración, registrada en algún lugar de Nueva York en 1967. Zappa también sabía ser clásico cuando le apetecía.

No solo en relación con la forja del folk rock. Tampoco tenía nada que ver con los grandes éxitos de pop suave que se cocieron en Laurel Canyon en aquellos tiempos, el *Sweet Baby James* (1970) de Taylor y el mayúsculo *Tapestry* (1971) de King: la compositora también hizo el viaje desde Nueva York, de sus canciones escritas en el famoso Brill Building, a Laurel Canyon, con piezas tan determinantes como «It's Too Late» y «You've Got a Friend».

En los últimos tiempos, el lugar, la escena, la colectividad, ha suscitado un enorme interés, entre nostálgico y revisionista, como demuestra el documental *Ecos de una era* (*Echo in the Canyon*, 2018), dirigido por Andrew Slatter y producido y conducido por Jakob Dylan, y la serie en dos partes *Laurel Canyon* (2020), de Alison Ellwood.

El hijo de Bob Dylan se ha revelado un entusiasta de la escena y el periodo de Laurel Canyon, ya que la banda sonora de *Ecos de una era* se convirtió en un disco de versiones de temas de aquella época en forma de duetos con Cat Power, Norah Jones o Beck. En octubre de 2015, Jakob había organizado un concierto para conmemorar el cincuenta aniversario del origen de aquel remoto movimiento musical. Pero ya antes, en 2002, Lisa Cholodenko ambientó allí un film de ficción, titulado también *Laurel Canyon*, en el que Francesc McDormand encarna a una bohemia productora musical.

Cabe destacar, en todo caso, que las referencias a Zappa en los documentales sobre Laurel Canyon son mínimas. Aparece, pero poco. Pese a estar en el centro de todas las cosas, pasó muchas veces de puntillas por las mismas. Su independencia y rebeldía no le permitían demasiadas asociaciones ni pertenencia a colectivos.

Aun así, ejerció una inesperada y fructífera labor de cazatalentos produciendo discos de otros músicos que pululaban por el barrio, como The GTOs, un inusual grupo formado solo por chicas, y Alice Cooper. A las GTOs les editó su único disco, *Permanent Damage* (1969), muy al estilo del rock de vodevil que le gustaba a Zappa, y a Cooper sus tres primeros álbumes, *Pretties for You* (1969), *Easy Action* (1970) y *Love It to Death* (1971).

BIZARRE / STRAIGHT / DISCREET

Herb Cohen (1932-2010) fue mánager de Zappa, Tim Buckley, Linda Rondstadt, Alice Cooper, Tom Waits y George Duke. Con Zappa creó en 1969 los sellos Bizarre y Straight. Trabajaron juntos de 1965 a 1976. La separación artística resultó traumática, plagada de litigios. Cohen colaboró en la organización de las giras internacionales del festival de jazz de Montreux. En 1988 reactivó en solitario los dos sellos. La idea inicial era que Straight fuera algo más convencional en su catálogo y Bizarre asumiera riesgos: Recto y Bizarro. Firmaron con Warner Bros. y una de sus filiales, Reprise, fundada una década antes por Frank Sinatra, lo que no deja de ser divertido. En el Reino Británico, los discos serían distribuidos por CBS.

Con el sello Bizarre, Zappa publicó todos sus discos entre 1969 y 1972 más:

- *Sandy's Album is Here at Last* (1969), de la cantautora Sandy Hurvitz.
- *The Berkeley Concert* (1969), de Lenny Bruce, documento de una actuación de Bruce en la época en la que también apareció en escena con The Mothers.
- *An Evening with Wild Man Fisher* (1969), del músico callejero Laurence Wayne Fisher.

En Straight, además del *Trout Mask Replica* de Captain Beefheart y los citados de Alice Cooper y GTOs, se publicaron los siguientes álbumes:

- *A Most Immaculately Hip Aristocrat* (1970), de Lord Buckley, editado diez años después de su muerte.
- *Lucille Has Messed my Mind Up* (1969), de su colaborador Jeff Simmons.
- *Farewell Aldebaran* (1969), folk sicodélico a cargo del matrimonio formado por Judy Henske y Jerry Yester.
- *Blue Afternoon* (1969), *Star Saylor* (1970) y *Greetings from L.A.* (1972), el cuarto, sexto y séptimo álbumes de Tim Buckley.
- *A Cappella* (1970), el primero de una treintena de discos de un grupo a capella descubierto por Zappa, The Persuasions.
- *Rosebud* (1971), único disco de la banda del mismo nombre formada por los músicos que grabaron *Farewell Aldebaran*.

Cohen y Zappa aún fundaron una tercera compañía en 1973, DiscReet Records. Todos los discos de Zappa con o sin The Mothers hasta 1979 aparecieron en este sello, hasta que en el mismo 1979 se creó Zappa Records. En las grabaciones para DiscReet experimentó con el sonido cuadrafónico. Descubrió y publicó a Kathy Dalton. Lanzó también los dos siguientes y últimos discos de Tim Buckley, *Sefronia* (1973) y *Look at the Fool* (1974), así como otros dos de Ted Nugent and The Amboy Dukes, *Call of the Wild* (1973) y *Tooth Fang & Claw* (1974). La gestión de DiscReet la llevó Cohen más en solitario hasta la separación.

Herb Cohen y Zappa.

En 1968, el gobernador de California era Ronald Reagan, y lo sería hasta 1975. En mayo de 1969, Reagan no tuvo reparos en enviar a más de dos mil soldados de la Guardia Nacional para sofocar unas manifestaciones en Berkeley, con las bayonetas caladas y lanzando gases lacrimógenos. No era oro todo lo que relucía bajo el sol californiano.

Mayo de 1969, manifestaciones en Berkeley.

EL ORÁCULO LO TIENE TODO PENSADO

En el número del 28 de junio de 1968, la revista *Life* dedicó la portada al nuevo rock con una foto de los miembros de Jefferson Airplane. En el interior, además de tres ensayos sobre el tema y una editorial consagrada a Grace Slick, la cantante de Jefferson Airplane, se publicó un extenso artículo de Zappa titulado «The Oracle Has It All Psyched Out» que arranca de esta manera:

«El rock es un elemento necesario en la sociedad contemporánea. Es funcional. Es saludable y artísticamente válido. También es Educativo. Tiene todas las respuestas a lo que tus padres nunca te dirán. También es un gran negocio. Esto es una breve historia del rock y su relación con la sociedad».

Pero ni entonces, ni después, un texto de estas características, publicado además en una revista influyente y de gran tirada, podía ser más o menos ortodoxo

viniendo de Zappa, así que inmediatamente propone al lector un ingenioso cuestionario para despertar su interés, puntuándolo con un diez si recuerda, por ejemplo, quien en la escuela compraba las cervezas para las fiestas, qué edad tenía la primera vez que se excitó sexualmente, quien fue su primera conexión con los porros o el LSD y cosas por el estilo.

El texto es una permanente, pero muy interesante, digresión. Entre otras cosas, Zappa asegura que negar el rock es negar la sexualidad, y buena parte de su discurso se centra en el sexo, en cómo la represión sexual ejercida por familia y sociedad, junto a una mala educación escolar, llevo a los adolescentes a foguearse en las calles.

Pero también hay elucubraciones sobre la forma en el que el sonido influye en las plantas –un campo de maíz incrementó su producción cuando sus responsables lo rodearon de altavoces y pusieron música–, en como la visión de *Semilla de maldad* (*The Blackboard Jungle*, 1955) de Richard Brooks le hizo ver que los blancos también podían hacer buen rock y de qué manera los responsables de la América Blanca Limpia odiaban esta música porque primero la practicaron los negros: «Siempre existía la posibilidad de que una noche Janey o Suzy fueran arrebatadas por los obscenos y pulsantes ritmos de la jungla e hicieran algo de lo que sus padres podrían avergonzarse».

En un año, las circunstancias harían que muchas de las libertades conquistas o reconquistadas por los movimientos contraculturales de todas las tendencias quedaran en entredicho, e incluso muchas cosas de las vertidas por Zappa en su texto para *Life* dejaron de tener el mismo sentido.

En 1969, el grupo de Charles Manson se instaló muy cerca de la casa de los Zappa y Gail quiso marcharse del lugar. El 9 de agosto de aquel año, cuatro miembros de la banda de Manson asesinaron a Sharon Tate y otras tres personas en la mansión que la actriz tenía con Roman Polanski –que se encontraba aquel día en Londres– en el 10050 de Cielo Drive, en Benedict Canyon, al norte de Beverly Hills. Michelle Williams, integrante de Mamas and the Papas y después actriz cinematográfica, diría que después de aquellos asesinatos, el sueño de Laurel Canyon se extinguió, aunque los éxitos posteriores de King y Taylor parezcan contradecirla. Eso sí, ya nadie dejaba abiertas las puertas de su casa.

Charles Manson.

EMPIECEN LA REVOLUCIÓN CONMIGO

Fue el fin de una revolución. O de un amago de ella. Una revolución que se había aburguesado. Los ecos del mayo parisino del 68 ya no eran tan fuertes. Reagan sería gobernador hasta 1975, el año de la definitiva escisión de The Mothers of Invention. Otro político republicano, Richard Nixon, presidía el país, y lo haría hasta su dimisión en 1974 a causa del escándalo Watergate. Un caldo de cultivo perfecto para que Zappa planteara otros conceptos revolucionarios:

«Es la hora de una revolución, pero seguramente no en los términos en que la gente la imagina. Lo que hoy en día está mal es que aquellos que tienen el control de los medios y del gobierno, y de todas las cuestiones que afectan a las vidas de la gente de a pie, no lo están haciendo bien, porque en realidad les da igual», dijo en una entrevista televisiva a finales de los sesenta.

El entrevistador le pregunta por qué no se postula a la presidencia del país: «Lo he pensado varias veces, y lo que siempre me echa para atrás es pensar en cómo sería eso de ser presidente, tener que vivir en una casa de Washington DC durante cuatro años. Sería un horror». ¿Medio en broma? ¿Medio en serio? ¿Otro acto de provocación? Años después, ya enfermo de cáncer, pero de forma más firme y convincente, aseguraría que estudió presentarse a la presidencia contra George Bush padre. En unas declaraciones posteriores, Zappa manifestó: «Lo que hacemos está diseñado para provocar a la gente, para que se cuestione su entorno con la voluntad de cambiarlo. Mientras no perciben su entorno, no van a preocuparse por él, no van a hacer nada, y algo tiene que hacerse antes de que los Estados Unidos engullan al mundo y después lo caguen».

Hay una gran diferencia entre esta actitud, de creérnosla, por supuesto, y de comulgar con ella, y el acto epatante contra los burgueses que describía Nick Cohn, emparentando a Zappa, en cierta forma, con los Guillaume Apollinaire, Luis Buñuel, Salvador Dalí, André Breton, Jean Cocteau, Antonin Artaud, Man Ray, Filippo Tommaso Marinetti y Tristan Tzara de las vanguardias artísticas de las tres primeras décadas del siglo XX, y con los miembros más convulsos de la generación beat, Allen Ginsberg y William S. Burroughs a la cabeza.

La música jugaba para Zappa este papel, la formulara en clave rock, blues, *doo woop*, jazz-rock, funk, progresiva, cabaretera, teatral, de fusión, jazz, orquestal o concreta. Podría discutirse el alcance político de esa música, por supuesto, pero no el posicionamiento de Zappa como ciudadano y como artista ante otros hechos ligados a la represión política sobre la cultura en general, y la música popular en particular.

Zappa Records.

En 1978, cuando fundó un nuevo sello, Zappa Records, tras romper su relación con Warner, lo hizo porque estaba harto de pleitear con las discográficas y le repugnaba la idea de que las ventas de un disco –o de una película o una novela– determinaran su calidad. «La industria nunca favorece a la música», dijo en varias ocasiones.

El 20 de enero de 1981 llegaba Reagan a la Casa Blanca, así que ya no solo gobernaba en California. En agosto del mismo año aparecía MTV, un canal televisivo por suscripción muy centrado en la música que dinamitó las reglas establecidas por la industria hasta ese momento. Las dos cosas juntas hicieron explotar a Zappa: «Es el renacer de la Edad Media».

Demos un salto hasta los últimos años en la vida del protagonista de estas páginas. En 1985 se instauró el Parental Advisory Explicit Content (Aviso a los padres contenido explícito). En realidad, se trataba de una etiqueta de calificación que se ponía en las cubiertas de los discos para avisar de que las letras de las canciones contenían lenguaje profano y referencias muy explícitas a sexo, drogas, alcohol, violencia, suicidio, ocultismo, satanismo o masturbación.

Los discos de *heavy metal* fueron de los más cuestionados en este sentido, y después los de hip hop, pero también álbumes de Prince, Bruce Springsteen o Michael Jackson. La idea tomó forma tras la presión efectuada por el PMRC (Parents Music Resource Center: Centro de Recursos Musicales de Padres), un comité creado en el mismo 1985 por Mary Elizabeth 'Tipper' Gore –entonces esposa del futuro vicepresidente demócrata Al Gore durante el mandato de Bill Clinton– y diversas mujeres de diputados. No solo la derecha estadounidense se postuló en contra de las letras aparentemente pecaminosas del rock.

Exigieron la infame etiqueta en discos de Prince, Guns N' Roses, Megadeth, Judas Priest, W.A.S.P., Black Sabbath, Madonna, George Michael y hasta con la Cyndi Lauper de «She Bop» por incitar a la masturbación. Llegaron a publicar una lista con las quince canciones que consideraban más asquerosas. A todos estos grupos y solistas les atacaron. A Zappa no. Vendía menos discos. Era menos peligroso para la juventud. Sin embargo, fue uno de los pocos músicos que se posicionó abiertamente como ciudadano, no en representación de la industria discográfica.

Zappa compareció en la vista del Senado sobre las letras en la música rock celebrada el 19 de septiembre de 1985, sugiriendo que las letras de todas las canciones de cada disco se imprimieran siempre en la funda interior. En las imágenes de la breve comparecencia, se puede ver como un par de senadores aprueban su idea, pero la situación no cambió demasiado.

Se le ve tranquilo, organizado, expresándose sin titubeo alguno, vestido con americana y corbata oscura, imagen de lo más pulcra para el antiguo freak. Respeto a las convenciones sociales para socavarlas con dignidad.

Menos de un año más tarde, el 18 de marzo de 1986, participó también en la vista del proyecto de ley sobre la obscenidad tanto a nivel federal como estatal. Junto a la repercusión mediática que estas comparecencias pudieran reportarle, los posicionamientos de Zappa tenían siempre sentido, y urgencia, cuando la libertad de expresión en el terreno de la música popular estaba seriamente amenazada.

Su respuesta musical a aquellos acontecimientos fue bien distinta, menos respetuosa con las normas. No terminó 1985 y ya había publicado el disco *Frank Zappa Meets The Mothers of Prevention*. Con etiqueta en la cubierta o sin ella, el título no podía ser más determinante.

Las madres de la invención se convertían puntualmente en madres de la prevención, y el contenido era bien explícito: el tema «Porn Wars» es un collage experimental de doce minutos de duración que contiene fragmentos de la intervención de Zappa en el Senado mezclados con voces aceleradas y deformadas, risas, fondos electrónicos y guitarras rabiosas.

Más allá de otros experimentos sonoros mediante el Synclavier –un sintetizador y *sampler* a la vez fabricado diez años antes y que se convertiría en una de las herramientas habituales de Zappa a partir de entonces–, las sinfonías de xilofones a cargo de Ed Mann, los robustos temas Funky cantados por Ray White y Ike Willis y los inabarcables solos de guitarra, el álbum era la respuesta rápida y contundente a la represión que se había cebado en el mundo del rock.

Frank Zappa Meets The Mothers of Prevention fue publicado por Barking Pumpkin, un nuevo sello que había creado Zappa en 1980 y con el que tuvo

serios conflictos con la discográfica MCA también por el tema de las letras. No llevaba la etiqueta del Parental Advisory Explicit Content, pero el disco apareció con otra pegatina impresa directamente en la cubierta con una *Warning Guarantee* (garantía de advertencia) escrita por el propio músico, en la que puede leerse:

«Este álbum contiene material que en una sociedad verdaderamente libre no se suprimiría. En algunas zonas socialmente retrasadas, los fanáticos religiosos y las organizaciones políticas ultraconservadoras violan los derechos de la Primera Enmienda al intentar censurar los discos de *rock'n'roll*. Creemos que esto es anticonstitucional y antiamericano. Como alternativa a estos programas apoyados por el gobierno, con el fin de mantenerte dócil e ignorante, Barking Pumkpin se complace en ofrecerles un estimulante entreteni-

miento audio digital para aquellos de ustedes que han superado lo ordinario. El lenguaje y los contenidos que hemos incluido están GARANTIZADOS PARA NO CAUSAR TORMENTO ETERNO EN EL LUGAR DONDE EL TÍO CON CUERNOS Y EL TRIDENTE PUNTIAGUDO TIENE SU NEGOCIO. Esta garantía es tan real como las amenazas de los fundamentalistas del video que utilizan los ataques al rock en su intento de convertir América en una nación de papanatas que envían cheques (en nombre de Jesucristo). Si hay un infierno, la hoguera les espera a ellos, no a nosotros».

Con todo, la postura política y social de Zappa no fue siempre tan combativa y honorable. Como en cualquier artista de la disciplina que sea, en su discurso hay tantas sombras como luces. Hemos intentado explicarlo antes.

Es fácil reírse de los demás y más difícil aceptar que se rían de ti. Zappa debería haberlo aprendido de una de sus máximas influencias en el terreno de la sátira y la teatralidad, Spike Jones, músico, actor, comediante y director de orquesta que giró por el país en los años cuarenta y cincuenta con su revista musical *The Musical Depreciation Revue*.

Un ejemplo. Zappa fue el anfitrión del episodio de *Saturday Night Live* emitido el 21 de octubre de 1978. En la mayoría de los sketches protagonizados con John Belushi, Dan Aykroyd o Bill Murray, los actores habituales del programa se ríen de él. Se le ve como pez fuera del agua, incómodo en las réplicas y en la gestualidad.

Detestó esta por otro lado muy rentable aparición en el show televisivo. Decía que no le dejaron aportar nada y tuvo la sensación de que nunca le tomaron en serio. Pero también es verdad que no quiso ensayar previamente los números cómicos con el reparto y que algunos actores decidieron boicotearlo.

Huelga decir que Lorne Michaels, creador e ideólogo del espacio desde su primera emisión hasta la actualidad, no volvió a invitarle jamás.

Una semana después, se desahogaba con un concierto celebrado en la noche de Halloween en el Palladium de Nueva York, una de sus prácticas habituales entre finales de los setenta e inicios de la siguiente década, con los asistentes vestidos de Drácula y de otros personajes del género de terror.

Si volvemos a los «dulces» tiempos de Laurel Canyon, también encontraremos una actitud bastante menos «ejemplar» ligada a las acusaciones de machista que se vertieron contra él.

Zappa tuvo bastantes conflictos con Gail a causa de las relaciones que él mantuvo con varias *groupies*. La postura del músico quedó reflejada en una entrevista en apariencia distendida. En ella dice que Gail debería entenderlo, «soy un hombre y me gusta echar polvos». Incluso comenta, sonriendo, que si volvía de gira con gonorrea le pedía a su esposa que fuera a una farmacia a comprar penicilina, la tomaban los dos y asunto resuelto.

Deseaba irse de gira y deseaba volver a casa. ¿Contradictorio? Sí, pero no es el único músico que ha vivido esta situación. ¿Cuestionable? Por supuesto: relaciones fáciles y sin compromiso, de motel y carretera, y el retorno a casa con la dócil esposa.

Zappa estaría hoy en la lista del #MeToo por sus actitudes machistas y pasaría pocos cortes, aunque no se le podría acusar de lo mismo por lo que se ha denunciado a Harvey Weinstein, Kevin Spacey, Roman Polanski, James Franco, Woody Allen o Louis C.K. Lo uno (la actitud) está adherido a lo otro (la creatividad), y la carrera artística no puede hacernos olvidar la postura ética, la moral dudosa.

THE GTOS, DE GROUPIES A GRUPO

Zappa tenía una cierta obsesión con las *groupies*, las fans acérrimas que iban a los conciertos y querían intimar con los músicos a los que idolatraban. Tanto que llegó a diseñar una banda musical formada por varias muchachas que había conocido en estas circunstancias, The GTOs, siglas de Girls Together Outrageously (traducible por Las Chicas Escandalosamente Juntas o Las Chicas Juntas Escandalizan). Eran un grupo de fans que habían conseguido introducirse en el microcosmos del músico y sus más estrechos colaboradores. En el sótano de la casa de los Zappa en Laurel Canyon vivían dos de las GTOs, Pamela Ann Miller y Linda Sue Parker. Esta última participaría años después en el álbum *Zoot Allures*, poniendo voces de acompañamiento en el tema «Disco Boy» con el seudónimo de Sharkie Baker. Otras participantes de la banda fueron Cynthia Sue Wells, Sandra Lynn Rowe, Christine Ann Frka y Luz Selenia Offerall. La primera se casó en 1971 con John Cale, lo que, dada la enemistad con The Velvet Underground, no debió gustarle demasiado a Zappa. La segunda tuvo un hijo con Cal Schenkel, el diseñador de las portadas de los discos. La tercera fue niñera de Moon Unit y novia de Alice Cooper, y es la joven de melena voluminosa que emerge de un foso en la foto virada en rojo de la portada de *Hot Rats*. Y la cuarta apareció en el film *200 Motels* y dejó el grupo para casarse con el bajista de una banda neoyorquina llamada … ¡The Groupies! Casi todas han fallecido a causa del cáncer, sida o sobredosis de heroína.

DE MONTREUX AL RAINBOW THEATRE: UNA MALA ÉPOCA

The Mothers of Invention se disolvieron tras una actuación de 1969 en Ottawa, Canadá, y después, en su reaparición, no dejaron de ser formaciones más intermitentes montadas en función de cada proyecto, de cada gira. En 1969, Zappa participaba en aventuras con otros músicos: tocó por ejemplo con Blossom Toes, una banda británica de pop sicodélico; en la reciente reedición ampliada de su segundo disco, *If Only For A Moment*, publicado originalmente en 1969, puede escucharse su guitarra en «Grooving», uno de los muchos extras que contiene. Además, ya no le gustaba como sonaban The Mothers en directo y tenían serios problemas financieros.

Blossom Toes.

Las siguientes formaciones del grupo podríamos decir que intentaban ser más profesionales, o profesionalizadas en el contexto a veces de libre albedrio en el que se manejaba Zappa, con extenuantes ensayos previos al inicio de una gira: llegaban a ensayar cuatro días a la semana, cinco horas cada día durante tres semanas.

El 4 de diciembre de 1971, Zappa y The Mothers tocaron en el Casino de Montreux, sede del festival de jazz –aunque con históricas licencias *rockeras*– que se celebraba en la ciudad suiza desde 1967.

En plena actuación, un espectador disparó una bengala hacia el techo –según otras fuentes impactó directamente en el equipo del grupo– provocando un rápido incendio. No solo debió suspenderse el concierto, evacuar el local y evaluar los daños. Los miembros de Deep Purple, presentes en la sala, iban a empezar en el casino la grabación con un estudio móvil del que acabaría siendo uno de sus discos más importantes, *Machine Head* (1972).

Una de las canciones estelares del álbum surgió a raíz de este incidente. En las primeras estrofas de «Smoke on the Water», apuntaladas sobre el característico y tantas veces imitado riff de guitarra de Ritchie Blackmore, Ian Gillan canta lo siguiente:

«Salimos hacia Montreux / En la costa del lago de Ginebra / Para grabar discos con una unidad móvil / Frank Zappa y The Mothers estaban en el mejor lugar de los alrededores / Pero algún estúpido con una pistola de bengalas / Quemó el lugar hasta los cimientos / Humo en el agua / Fuego en el cielo / Humo en el agua / Pero ardiendo / Quemaron la casa de juegos / Se derrumbó con un sonido horrible / Funky Claude entraba y salía corriendo / Estaba sacando jóvenes del suelo / Cuando todo terminó / Tuvimos que encontrar otro lugar».

Finalmente registraron *Machine Head* con el mismo estudio móvil, propiedad de los Rolling Stones, en el Gran Hotel de la ciudad. El casino fue reconstruido después y continuó albergando el festival hasta 1993, cuando cambió de sede bajo la batuta de Quince Jones. No hay constancia de que Zappa volviera a actuar allí. El Funky Claude al que se hace referencia en la canción es Claude Nobs, entusiasta fundador del festival.

Del concierto de Zappa, o lo que tocó antes del incendio, puede encontrarse vía Youtube un documento sonoro en el que se escucha perfectamente la reacción de los presentes cuando comienza el incendio. También apareció en una suerte de disco pirata, *Swiss Cheese/Fire!* (1992), en cuya cubierta vemos a Zappa desnudo, con solo un tanga de piel de leopardo, un pañuelo rojo atado al cuello, estridentes calcetines a rayas y zapatos, y en la contraportada luce un impoluto traje para ir de safari.

Zappa y The Mothers tocaron en el Casino de Montreux.

Swiss Cheese recoge la primera parte del concierto, mientras que Fire! se centra en los minutos finales y el momento en que explota la bengala y apa-

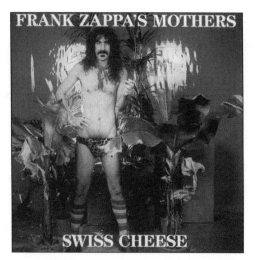

rece el fuego. La banda, formada para la ocasión por Zappa, Jim Pons, Aynsley Dunbar, Ian Underwood, Don Preston, Mark Volman y Howard Kaylan, estaba interpretando en ese momento el tema «King Kong». En el inapreciable documento puede escucharse como un sorprendido Zappa bromea, en primera instancia, con la exitosa canción de The Crazy World of Arthur Brown «Fire», aparecida tres años antes, y después, al darse cuenta de lo que está ocurriendo, invita al público a abandonar ordenadamente el recinto.

Las trayectorias de Zappa y Deep Purple no tenían nada que ver, pero este incidente, y la canción que lo inmortalizó, hicieron que se establecieran curiosos puntos de unión. El 17 de julio de 2016, durante los festejos del 50 aniversario del festival de Montreux, coincidieron en el cartel Dweezil Zappa con su ban-

da y Deep Purple, entonces con tres supervivientes del grupo original, Gillan, el bajista Roger Glover y el batería Ian Paice (el organista Jon Lord falleció en 2012 y Blackmore había roto relaciones con Gillan años antes).

El concierto de Dweezil estaba centrado en canciones de la primera época de su padre. Deep Purple interpretó el temario habitual. Al finalizar su set, Gillan invitó al hijo de Zappa a sumarse a ellos en el escenario. Recuerdos de una noche de incendio de 1971. Primero acometieron «Peaches En Regalia», de *Hot Rats*, y a continuación, por supuesto, «Smoke on the Water».

Dweezil Zappa.

El tiempo ha pasado y aquel incendio se recuerda ahora como un momento legendario –porque no hubo víctimas mortales– que dio vida a una canción mítica. Todo en clave superlativa en las notas a pie de página de la historia del rock (aunque fuera en un festival de jazz). Sin embargo, el otro incidente que padeció Zappa pocos días después en otro de sus conciertos no tiene nada de legendario, mítico o fabuloso. Más bien lo contrario.

La referida caída de Zappa desde el escenario hasta el foso de la orquesta se produjo tan solo una semana después del incendio en Montreux. Malos tiempos para la lírica *zappiana*. The Mothers llegaron a Londres, alquilaron un equipo nuevo y tocaron en el Rainbow Theatre el 10 de diciembre de 1971.

El empujón se lo propino un fan de los Beatles descontento con la versión que estaban tocando de «I Want to Hold Your Hand», tema que cerraba la actuación. Se puede escuchar en *Rainbow Theatre London, England, December 10, 1971*, el disco triple que recoge el concierto íntegro, y la verdad es que a lo largo de la obra de Zappa pueden encontrarse versiones de clásicos muchísimo más sarcásticas, furibundas e irrespetuosas que esta.

La situación en sí misma –en el momento del empujón, Zappa no tenía ni idea del motivo de la agresión–, la aparatosa caída y la larga convalecencia le hicieron cambiar obligatoriamente de perspectiva: tantos meses en una silla de ruedas, sin apenas poder tocar y sin salir de gira, y con el resultado de una leve cojera que le acompañaría durante años, le harían enfocar la creación y el negocio musical de otra manera.

ESCEPTICISMO CREATIVO

De un modo u otro, y a pesar de mantener viva la llama de The Mothers of Invention cuatro años más y no parar de grabar discos como solista, el ideario de Zappa fue adquiriendo un cariz si no más reposado, si un poco más consciente de su propia situación en la industria del espectáculo que seguía representando, fuera como estrella *underground* del rock o invitado de excepción entre las élites de la música contemporánea.

Esta declaración resume en parte su filosofía a partir de esos momentos de crisis, cuestionamiento y replanteamiento: «Todo lo que quiero hacer es lograr una buena interpretación y grabación de todo lo que he compuesto para poder escucharlo, y si alguien más quiere escucharlo también, estupendo. Suena sencillo, pero en realidad es muy difícil».

Puede parecer una declaración algo megalómana, hacer música para degustarla uno mismo, pero resulta bastante coherente con su posición frente a la industria musical y con el hecho de que conservara todo archivado no solo para él, sino para el disfrute de futuras nuevas generaciones.

En 1983, cuando realizó un concierto de sus piezas para orquesta completa con la Sinfónica de Londres, la idea seguía siendo la misma: «Cualquier decisión artística pensando en el dinero que ganarás no es una decisión artística. Yo he hecho muchas cosas para ganarme la vida que han generado el capital necesario para realizar otros proyectos. He venido a Londres a gastarme el dinero en una orquesta inglesa para grabar mi música, poder llevármela a casa y escucharla. Y si a alguien más le interesa, haré que esté en disco para poder escucharla».

No era solo el placer de oírla él mismo. Era la obligación de grabarla en las mejores condiciones posibles. Era la época en la que en alguno de sus discos daba indicaciones pertinentes sobre la mejor forma de escucharlos, utilizando unos altavoces concretos –recomendaba los potentes JBL 4311–, e incluso sugiriendo el nivel del volumen antes de empezar a añadir bajos y agudos.

Con todo, Zappa empezaba a estar un poco de vuelta de todo. En su álbum *Ship Arriving Too Late to Save a Drowning Witch* (1982) incluyó una canción coescrita e interpretada con su hija Moon Unit, «Valley Girl», adelantándose un par de años, de manera menos provocadora, al diálogo erótico incestuoso mantenido por Serge Gainsbourg y su hija Charlotte en «Lemon Incest».

Moon Unit.

Ambas canciones tuvieron un éxito nada inesperado dadas las connotaciones familiares que podían rastrearse en sus letras, un buen reclamo comercial sin duda alguna. Es más, «Valley Girl», que no deja de ser una pieza de pop resultón y poco más, con un texto que maneja el argot de los adolescentes del valle de San Fernando con el que Zappa no estaba familiarizado, fue su mayor éxito en Estados Unidos.

Distribuida por CBS en formato 7" con un tema menos adecuado para las emisoras radiofónicas en la cara B, «Teen-Age Prostitute», de letra cínica y una estructura armónica nada pegadiza en comparación con la cara A, se encaramó a lo más alto de las listas y fue nominada a los premios Grammy. Zappa se enteró de tamaño éxito mientras estaba de gira por Europa.

Lo curioso es que la existencia de «Valley Girl» no se debe tanto a argumentos musicales como a urgencias familiares: Gail Zappa recordaba que la canción nació simplemente porque Moon quería pasar más tiempo con su padre, y escribirla fue una forma de encontrar ese tiempo compartido.

¿Y qué hizo después de lograr un éxito de lo más pop? Seguía obsesionado en percutir buena parte de su obra hacia la música denominada culta o seria, lo que le llevaría a componer en 1985 una extraordinaria y fantasmal pieza para cuarteto de cuerda, «None of the Above», con The Kronos Quartet.

The Kronos Quartet.

David Harrington, violinista, fundador y director del cuarteto, describiría muy bien a Zappa al considerar que pertenecía a la tradición de compositores como Harry Partch y Charles Ives, los experimentalistas estadounidenses que cambiaron la forma de escuchar la música y de componerla. A Zappa le habría gustado esta definición.

EPÍLOGO EN PRAGA

No fue el concierto que realizó en el Palacio de los Deportes de Praga el 24 de junio de 1991, en una breve gira que lo llevó también a un festival de Budapest, la última actuación de Zappa. En todo caso, fue una de las postreras en términos de rock, banda y guitarra.

A mediados de ese año ya le diagnosticaron el cáncer de próstata que acabaría con su vida. Casi catorce meses después de la actuación rockera en Praga, el 17 de septiembre de 1992, Zappa dirigió al Ensemble Modern en un concierto en Frankfurt que sería grabado y publicado como *The Yellow Shark* (1993). El disco salió al mercado justo un mes antes de su fallecimiento.

Con el Ensemble Modern, una orquesta internacional de música contemporánea con sede en Frankfurt, Zappa había empezado a colaborar en 1991 y fue la única formación de estas características con la que se sintió realmente realizado cuando se dedicó a escribir música contemporánea. La actuación de The *Yellow Shark* registró la última imagen de Zappa sobre un escenario, dirigiendo al inicio a los músicos.

Pero es la relación de Zappa con la nueva Checoslovaquia surgida de la denominada Revolución de Terciopelo (Sametová Revoluce) lo que pone el mejor epílogo posible a la andadura del Zappa músico y personaje político a la par.

En 1989, Checoslovaquia se libró del yugo soviético a través de una revuelta pacífica que procuró la caída del sistema comunista y la creación de un régimen parlamentario. La revuelta duró poco más de un mes, entre mediados de noviembre y finales de diciembre de aquel año. Una semana antes había caído el muro de Berlín.

Un compositor checo invitó a Zappa a actuar en Praga para celebrar la retirada de las tropas soviéticas. Fue la primera vez en tres años que tocaba la guitarra en directo. A la música se sumó una petición de carácter político: le pidieron que les ayudará a ser representados en Occidente.

Sus discos habían sido importantes para la juventud checa durante décadas, aunque tuvieran que escucharlos de forma clandestina. La banda de rock más representativa de la corriente *underground* durante la Primavera de Praga, en 1968, tenía un nombre claramente vinculado a la obra de Zappa. Se llamaron The Plastic People of the Universe.

Hay una filmación realmente impactante, la de la llegada de Zappa, ataviado con un abrigo y un gran gorro de piel para guarecerse del frío, al aeropuerto de Praga: más de cinco mil personas estaban esperándole para saludarlo y darle las gracias por su música. No fue necesario ningún tipo de cordón de seguridad.

The Plastic People of the Universe.

Esta relación de Zappa con Checoslovaquia mantiene un cierto paralelismo con lo relatado por Kirill Serebrennikov en su película *Leto* (2018), cuando la juventud soviética disidente con el sistema en la década de los ochenta se fijaba en la música anglosajona, en el *glam rock* británico y la *new wave* neoyorquina (de David Bowie, Marc Bolan e Iggy Pop a Blondie y Talking Heads), y la convertía en un auténtico espacio de liberación, además de influencia para una escena alternativa fuertemente controlada por el régimen comunista.

Zappa sería nombrado por Václav Havel, el recién proclamado presidente de Checoslovaquia, embajador especial de Cultura y Comercio ante los Estados Unidos en materia de comercio, turismo y asuntos culturales. Nada que ver con el rock. Parecía que por fin separaba una cosa de la otra, aunque sin su trascendencia como músico en la antigua Europa del Este, quizá este cargo nunca hubiera existido. Al llegar a Praga dijo: «Este es el comienzo de vuestro nuevo futuro en este país». Tres años después, en enero de 1993, el futuro se dividiría en dos, Chequia por un lado y Eslovaquia por el otro.

Ronald Reagan ya no estaba en la presidencia cuando Zappa se erigió en figura icónica para el pueblo checo, pero su sucesor, George H. W. Bush padre, no vio con buenos ojos aquella relación contractual del nuevo país con uno de sus fustigadores, razón por la que su gobierno presionó para cortarla. Eran los tiempos en que Zappa llegó a pensar seriamente en plantarle cara a Bush padre en las elecciones presidenciales.

CAPÍTULO VI

UNA GUÍA: 20 DISCOS ESENCIALES

VI. UNA GUÍA: 20 DISCOS ESENCIALES

FREAK OUT!

(The Mothers of Invention, 1966)

La lista de referencias que Zappa incluye en el primer disco de The Mothers of Invention es apabullante. Aparecen los nombres de gente cercana al grupo (Herb Cohen, Jim Sherwood, Tom Wilson, Pamela Goodhead Zarubica) y algunos músicos relevantes de géneros bien diversos que había escuchado con fruición. Como tarjeta de presentación resulta inmejorable. Lo que destilan los surcos del disco, reconvertidos después digitalmente en remezcla efectuada por el propio Zappa en 1987, está en consonancia con esa lista nada epatante.

Todo lo contrario, es muy significativa, aunque alguno de los nombres citados se supone que están colocados con cierta ironía: Sonny Boy Williamson, Albert Collins, Willie Dixon, Johnny Guitar Watson, Clarence Gatemouth Brown, Buddy Guy, Slim Harpo, Lightnin'n Slim, Guitar Slim, Howlin' Wolf, Muddy Waters, Charles Brown, Pierre Boulez, Maurice Ravel, Edgar Varèse, Igor Stravinsky, Karlheinz Stockhousen, Lenny Bruce, Jules Feiffer, Elvis Presley, Richard Berry, Ravi Shankar, Roland Kirk, Cecil Taylor, Charlie Mingus, Bill Evans, Eric Dolphy, Charles Ives, Brian Epstein, David Crosby, Joan Baez, Bob Dylan, Barry McGuire, Don Vliet, Phil Spector, Johnny Otis,

Lawrence Ferlinghetti, el realizador cinematográfico Don Cerveris, el actor Frank De Cova, James Joyce, Bram Stoker, Salvador Dalí, Yves Tanguy, el productor de cine británico J. Arthur Rank, John Wayne, el guitarrista flamenco Sabicas y el actor y cantante de ópera Sonny Tufts.

Y cito solo los más conocidos en el campo del blues, jazz, música contemporánea, rock'n'roll, cine, pintura y literatura. Ni el compositor y saxofonista de jazz de vanguardia John Zorn, aficionado también a reproducir en algunos de sus discos las inmensas listas de sus influencias, ha logrado superar nunca el jugoso listado que aparece en este álbum de The Mothers, algo así como una biblia de música inquieta y de música popular.

Leído y digerido el listado, bajo la apariencia de un rock *underground* y discordante se encuentran en este debut gemas y matices de puro pop. La primera parte de «Who Are the Brain Police?», canción gestada a las cinco de la madrugada, es casi deliciosa, aunque no tarda en estar infectada por disonancias y elucubraciones sonoras varias.

El disco se abre de la forma esperada: «Hungry Freaks Daddy» es lo más parecido al manifiesto *freak* de la época, refrendado por el texto interior en que se asocia el concepto *freaking out* a una forma de creación enfrentada a las etiquetas y estructuras sociales. La canción está dedicada a Carl Orestes Franzoni, quien nunca perteneció a las *madres*, pero como si hubiera sido miembro de la banda: fue un auténtico freak en Sunset Street, se le conocía como Captain Fuck y formaba parte de un grupo de baile llamado The Dance Troup. Zappa decía de él que era su chico gogó.

Aunque en las notas interiores, rebosantes de datos –ciertos o no–, ironía y hasta una biografía de Zappa en forma de trivial, se dice que «Go Cry on Somebody Else's Shoulder» es muy grasienta, la realidad es que se trata de un cadencioso *doo woop* que haría palidecer a chicas y chicos en la pista de baile cuando sonaran los temas lentos. Lo mismo pasa con «Motherly Love», en la que ya se habla de las *groupies*: en esencia es un tema pop de armonías pegadizas y guitarras cadenciosas, pero el tratamiento descarriado de los coros le confiere una pátina a contracorriente de lo que, musicalmente, está contando.

En «Wowie Zowie» aparece un personaje característico del imaginario Zappa sugerido por Pamela Zarubica, amiga suya en aquella época y vocalista ocasional, con el seudónimo de Suzy Creamcheese, en posteriores discos. En la contraportada de *Freak Out!* se reproduce un breve texto de ella sobre The Mothers. Debajo, en la foto de los miembros del grupo, encima de la cabeza de Zappa aparece un bocadillo de cómic con la frase: «Suzy Creamcheese, ¿qué es lo que te pasa?».

La historia de Wowie Zowie es contada en clave de *surf music*, con unas armonías vocales (cortesía de Ray Collins, Jim Black y Zappa) que parecen emerger de una grabación de los Beach Boys. De hecho, todo el disco, pese a su título y las pintas que gastaban los músicos, es un homenaje al pop de los sesenta… al gusto de las *madres*, por supuesto.

Otro buen ejemplo es «Any Way the Wind Blows», un tema ligero y jovial si no fuera porque está inspirado en el divorcio de Zappa y su primera esposa. En «You'Re Probably Wondering Why I'm Here» las voces simulan guitarras y las guitarras simulan voces en fraseos que después serían característicos en su discografía. «Help I'm A Rock» toma la forma de un alarido *rockero* con coito final –y hoy suena más moderna que nunca con su bucle repetitivo– y «I Can't Happen Here», encadenada con la anterior hasta formar parte de ella, es un experimento vocal muy socarrón dedicado a Elvis.

Hay mucha percusión (panderetas, xilofones) marcando las melodías, mientras que, en general, las guitarras eléctricas, pese a contar la grabación con Zappa y Elliot Ingber, asumen un rol más secundario hasta que entra en escena «Trouble Every Day», una de las mejores piezas del disco: guitarras ensuciadas, armónica arrastrada y métrica hipnótica de *rythm'n'blues* para evocar los disturbios raciales del vecindario angelino de Watts en agosto de 1965 en el que perecieron más de treinta personas.

«Trouble Every Day» sería el tema «serio» de un disco que respira ironía por todos sus poros. En otra de las notas interiores puede leerse que Zappa tiene una personalidad tan repelente que es mejor mantenerse alejado de él. ¿Sarcasmo o autoconciencia de cómo era ya entonces?

Tras engañarnos con tanto pop aceitoso, coros *doo woop*, armonías de *surf music* y energía *bluessy*, The Mothers cierran el disco con el primero de sus largos y ambiciosos collages sonoros, cuyo título, «The Return of the Son of Monster Magnet», homenajea al cine de terror barato que tanto gustaba a Zappa: el regreso del hijo del monstruo magnético –parece un film B de Curt Siodmak, director de *The Magnetic Monster* (1953)– esconde ritmos tribales que parecen no tener fin, ondulaciones electrónicas de ciencia ficción, efectos de sonidos selváticos, diálogos sin sentido y voces discordantes riéndose de que América es maravillosa.

En la lista de las denominadas Madres Auxiliares está en último lugar, en negrita y con signo de admiración, ni más ni menos que Terry Gilliam, el miembro norteamericano de Monty Python. Pero el nombre se añadió en la edición en compacto de Zappa Records de 1987, ya que, en la contraportada del vinilo original de 1966, Gilliam no aparece en dicha lista. El actor, comediante,

animador y cineasta sería también un *freak* de pura cepa, y no es extraño que en algún momento hiciera buenas migas con Zappa y su troupe. Jordi Costa y Sergi Sánchez apuntan en su libro *Terry Gilliam, el soñador rebelde* (1998) que la voz de Gilliam y su novia de entonces puede escucharse en el ruido de fondo de un bar que aparece en «America Drinks & Goes Home», el tema que cierra el segundo disco de la banda, *Absolutely Free*.

ABSOLUTELY FREE

(The Mothers of Invention, 1967)

El colorido collage de la contraportada es obra de Zappa, muy en la línea de la ilustración y el cómic underground de la época, sentando las bases de lo que poco después desarrollaría Cal Schenkel en cuanto al arte gráfico de los discos de The Mothers. La ilustración de colores entrecruzados y edificios con estética algo expresionista está salpicada con frases del estilo «Este árbol es feo y quiere morir», «Abandonar la escuela secundaria» y «Debes comprar este álbum ahora, el top 40 de la radio nunca lo pondrá». Surrealismo *freak* y un baño de realidad: las emisoras radiofónicas nunca sabrían que hacer con sus discos, incluso con los menos beligerantes. «Valley Girl» fue una excepción.

Totalmente gratis. O absolutamente libre. En su segundo disco, producido como el anterior por Tom Wilson y ya con la incorporación de un músico fundamental, el teclista Don Preston, además de los vientos de Motorhead Sherwood

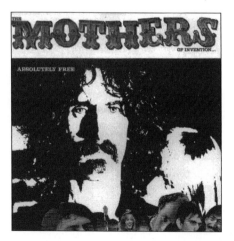

y Bunk Gardner, Zappa expandía un poco más su paleta sonora; hay menos espacio para las veleidades pop y *doo woop* del primer álbum. Los temas se encadenan como si se tratara de una sinfonía con distintas partes o variaciones. De hecho, las primeras siete canciones están agrupadas bajo el nombre de «Absolutely Free» y las otras seis como «The M.O.I. American Pageant», y las dos partes se engloban dentro de un proyecto más general, denominado oratorios *underground*.

Absolutely Free es conceptualmente más ambicioso que el anterior disco de la banda. «Plastic People», otro de los sólidos andamios sobre los que Zappa construyó su arquitectura narrativa en contra de las convenciones sociales norteamericanas, empieza con una voz solemne que anuncia la presencia del presidente de los Estados Unidos para iniciar justo después los reconocibles compases del «Louie Louie» de Richard Berry, una de las influencias citadas en el interior de *Freak Out!* y un alegato obsceno para las mentes biempensantes.

«Call Any Vegetable» revisa en apenas dos minutos diversos estilos, incluido unos gorgoritos *hillbilly*, y, sin que nos demos cuenta, ya estamos dentro de «Invocation & Ritual Dance of the Young Pumpkin», uno de los primeros y vertiginosos instrumentales del grupo: la cabalgada en paralelo de la guitarra y el saxo, en un diálogo de aproximación y ruptura constante, es muy jazzístico, pero la base es de un imparable *rhythn'n'blues* con una batería de Jim Black diríase que tocada por el hombre metrónomo de Creedence Clearwater Revival, Doug Clifford. Zappa demuestra por primera vez, al menos en disco, el dominio de las seis cuerdas, esa ductilidad entre el solo de blues nada pantanoso y los crescendos del rock ácido.

La segunda parte, la que atañe a los M.O.I en el desfile o concurso americano, vuelve a socavar las tradiciones del estilo crooner o incluso, en los fraseos *espídicos* de un fragmento de «America Drinks», la música de dibujos animados. Pamela Zarubica, con su alías, vuelve a tener presencia, esta vez como personaje central de una canción: el texto de «Son of Suzy Creamcheese» surge de la frase que Zappa pronuncia en la contraportada de *Freak Out!*

Es una miniatura a ritmo rápido que contrasta rápido con el montaje sonoro de «Brown Shoes Don't Make It» y su enlace a «America Drinks & Goes Home», en las que un cuarteto de cuerda intenta poner algo de paz entre espasmos breves de jazz duro, música de feria, blues nocturno al piano, coros de vodevil, fanfarrias de vientos, algo de claqué, una balada de crooner, música concreta y la conversación entre una niña y su padre. Un verdadero pastiche posmoderno –o un laboratorio sonoro, como se prefiera– cuatro o cinco años antes de que la posmodernidad se convirtiera en una tendencia.

La posterior edición en CD aumentó la potencia del disco con la inclusión de dos temas de la época que habían aparecido en un recopilatorio no oficial de rarezas, *Mystery Disc* (1985). Uno, «Why Dont'cha Do me Right?», incluye otra guitarra estresada, mientras que «Big Leg Emma» propone uno de los estribillos más juguetones de toda la obra de Zappa, con la analogía deliberadamente simplona entre el «big dilemma» y la «big leg» de Emma, coronada la absurda frase con un «uh-huh, oh yeah» en la mejor tradición del pop pegadizo y resultón.

En letra pequeña, en la parte inferior derecha de la contraportada, puede leerse «The present-day composer refuses to die». El compositor actual se niega a morir. No es una frase de Zappa. Es de uno de sus ídolos, Edgar Varèse, incluida, no exactamente igual, en el manifiesto de la International Composers Guild de 1921. Varèse escribió que «los compositores actuales se niegan a morir. Se han dado cuenta de la necesidad de unirse y luchar por el derecho de cada individuo a asegurar una presencia justa y libre de su obra».

Zappa pasó del colectivo a la individualidad, colocándose en una posición única, e incluiría la frase en las reediciones en compacto de otros de sus discos a modo de nexo entre obras de lo más diverso.

Son muy interesantes sus apreciaciones sobre Varèse, ya que intento poner en práctica algunas de sus nociones siguiendo otros criterios armónicos y rítmicos. Los contrapuntos, acordes y montajes de *Absolutely Free* son prueba de ello.

En una excelente entrevista publicada en la revista de jazz *DownBeat* el mes de noviembre de 1981, le preguntaban a Zappa que influencia tenía Varèse en la música pop, rock y contemporánea:

«Cada vez que en un programa de televisión ves una escena de terror y hay un acorde sostenido y uno o dos pequeños pitidos al fondo, sabrás que a la persona que escribió eso para la película, esta partitura para televisión, nunca se le habría ocurrido a menos que Varèse no lo hubiera hecho primero. Porque la percusión, simplemente, no la usaba de la manera clásica, y demostró que un pequeño golpe en las claves o un pequeño *boop* sobre el *temple block* [instrumento de percusión esférico similar a la caja china o bloque, habitual en el continente asiático] contra un acorde tenso decía mucho sobre un tema determinado; nadie había hecho algo así anteriormente».

La sentencia de Varèse se ve diminuta en la contraportada. Hay que fijarse en ella. Por el contrario, en el interior del álbum, sobre una foto en blanco y negro de Zappa mirando desafiante a cámara, aparece bien visible uno de sus lemas de la época: «Kill Ugly Radio».

LUMPY GRAVY

(Francis Vincent Zappa and The Abnuceals Emuukha Electric Symphony Orchestra & Chorus, 1967)

Los compases iniciales de la primera de las dos partes en las que se divide *Lumpy Gravy* parecen un guiño a los temas principales de las series televisivas, mitad western, mitad música gitana. Pero el cambio, la mutación, es algo permanente en esta obra. Lo que sigue son distintas variaciones sobre unos

mismos temas, cortes genéricos absolutos y un cut-up de sonidos y voces humanas sin aparente continuidad, estableciendo la forma clásica del collage sonoro o, en palabras de Zappa desde el propio título del artefacto, una salsa grumosa: notas de *rockabilly*, un fragmento de jazz festivo de Nueva Orleans, experimentos con percusiones, fanfarrias a marcha rápida, ecos y reminiscencias de temas anteriores y posteriores de The Mothers, arreglos de banda sonora cinematográfica, música sinfónica, dodecafónica y concreta, fox-trot, jazz cadencioso con sordina, *surf music*, grabaciones orquestales de piezas muy breves registradas con anterioridad, pop aceitoso y naif (Zappa fue vintage antes de tiempo), efectos de sonido, texturas electrónicas, y una serie de conversaciones a carcajada limpia entre Roy Estrada, Jimmy Carl Black, Motorhead Sherwood y otros invitados a la función intercaladas con las músicas y que redefinen, hoy, el concepto clásico del *spoken word*.

El autor nos advierte de que escuchemos primero la primera cara y subamos el volumen al máximo. La segunda cara ya se verá. Y en compacto ya es igual. Era consciente también del escaso potencial del disco. De hecho, forma parte del concepto que él mismo definió como Nothing Commercial Potential, aunque no esperaba un fracaso de ventas tan grande. Tampoco esperaba que el ballet para el cual la música había sido ideada lograra escenificarse. No se hizo nunca.

Quizá pecó de ambición desmedida. Con solo los dos primeros discos de The Mothers of Invention como bagaje, una obra de las proporciones experimentales de *Lumpy Gravy* no iba a conectar ni con los fans de la banda ni con los seguidores de la música concreta y experimental que pudieran acercarse, con cierto escepticismo, a las filigranas 'cultas' de un guitarrista de rock (que, por cierto, no toca ningún instrumento en el disco, solo compone y dirige la orquesta).

Pero *Lumpy Gravy* puso la primera piedra de todo lo que Zappa haría después en el terreno de la música clásica y contemporánea y en la experiencia de la sala de edición, generalmente con más éxito que el cosechado en este caso.

La audición de *Lumpy Gravy* es ciertamente ardua pese a sus contantes notas de humor y exaltaciones de la amplia cultura de música popular que esgrime el compositor. El disco se presenta exactamente como *Francis Vincent Zappa Conducts The Abnuceals Emuukha Electric Symphony Orchestra & Chorus*, y en la orquesta conviven un solo miembro de The Mothers, Bunk Gardner, sin duda el más preparado para los aventurados pentagramas de Zappa, con *jazzmen* del calibre de Shelly Manne, Jimmy Bond, Johnny Rotella y Victor Feldman.

Existe un cierto lío de fechas en cuanto a la publicación del disco. Salió en agosto de 1967 a cargo de Capitol Records, la discográfica que le había encargado a Zappa la obra, pero MGM/Verve lo reclamó como suyo, dado el contrato que tenía con el músico, y lo volvió a publicar en mayo de 1968. El proceso sigue siendo algo confuso. La versión en vinilo que tengo, con copyright de 1968, posee doble discográfica: en la portada, a la izquierda de la fotografía de Zappa tomada en ligero contrapicado y vestido con zapatillas deportivas, tejanos, tirantes y camiseta, aparece el logo de Verve, mientras que, en la contraportada, con una foto en similar encuadre, pero ataviado con chistera, guantes blancos y ropa oscura de prestidigitador, puede verse a la derecha el logo de su propio sello, Bizarre.

La portada de la primera versión es con esta segunda foto y el logo de Capitol que no volvería a aparecer nunca más. Es sin duda una edición para coleccionistas, pero no solo por eso, ya que tiene menos temas –dura veintidós minutos y treinta y siete segundos, frente a los treinta y uno y cuarenta y seis segundos de la edición de 1968–, distintos títulos y una ordenación diferente. Por internet pueden encontrarse estos títulos de las breves piezas, pero, en los discos, la música solo aparece acreditada como «Lumpy Gravy Part 1» y «Lumpy Gravy Part 2», una suite por cada cara. Un galimatías, bastante habitual en Zappa.

Jugando como siempre al despiste, y a la anticipación, Zappa recurrió de nuevo al grafismo del cómic para insertar en la contraportada un bocadillo de tebeo en el que pregunta, a sí mismo o al comprador, si este disco es la segunda fase de *We're Only in It for the Money*, una obra que empezó a grabarse el mismo mes en que aparecía en las tiendas la primera versión de *Lumpy Gravy* … aunque la segunda, la oficial de Verve, no salió hasta mayo de 1968, dos meses después de que *We'Re Only in It for the Money* ya estuviera en la calle. ¡Cómo le gustaban los enredos y, de nuevo, los galimatías, y que complicado es establecer una cronología real de su obra!

En todo caso, *Lumpy Gravy* vendría a ser la fase uno y no al revés: el instrumental paródico de pop con que se cierra el disco fue retomado, ahora con letra, en una de las canciones de *We'Re Only in It for the Money*, la titulada «Take Yout Clothes Off When You Dance». En 2009 apareció en Zappa Records un recopilatorio triple que combina ambos discos y les otorga, finalmente, la categoría de díptico. En *The Lumpy Money Project/Object* están incluidos el *Lumpy Gravy* de Capitol, We'Re Only in It for the Money, este y la versión Verve de *Lumpy Gravy* remezclados en estéreo, y una treintena de maquetas y mezclas alternativas de piezas de los dos álbumes.

Zappa volvió a reunir a la Abnuceals Emuukha Electric Symphony Orchestra en 1975 para grabar composiciones nuevas y, con otros arreglos, temas procedentes de *Absolutely Free* –«Duke of Prunes»– y *200 Motels* –«Strictly Genteol»–. La orquesta la constituyeron en esta ocasión treinta y siete músicos, algunos ya presentes en *Lumpy Gravy*. El material quedó archivado hasta editarse, con el disco de *Orchestral Favorites*, cuatro años más tarde.

WE'RE ONLY IN IT FOR THE MONEY

(The Mothers of Invention, 1968)

Se ha dicho que The Beatles quisieron hacer algo parecido a *Freak Out!* cuando idearon *Sgt. Pepper's Lonely Hearts Club Band*. Cierto o no, encontraron rápida respuesta por parte de Zappa: la fotografía interior de *We'Re Only in It for the Money* reproduce la célebre portada del álbum sicodélico del grupo de Lennon, McCartney, Harrison y Starr, solo que, en vez de aparecer el cuarteto ataviado de distinta forma junto a las cabezas recortadas de Marlon Brando, W. C. Fields, Edgar Allan Poe, Oscar Wilde, Aldoux Huxley, Bob Dylan, Tony Curtis, Tyron Power, Mae West, Marilyn Monroe, Fred Astaire, Johnny Weissmüller, Tom Mix, Stan Laurel y Oliver Hardy, Alesteir Crowley, Lenny Bruce, Karlheinz Stockhausen, Karl Max, H. G. Wells, James Joyce, William S. Burroughs y Lawrence de Arabia, en el fotomontaje de The Mothers los vemos a ellos vestidos de mujer con el título

del disco incrustado igualmente en el bombo de una batería y los recortables de, entre otros, Jimi Hendrix, Fantômas, Nosferatu, Theda Bara, Gail Zappa, Lyndon B. Johnson, Lee Harvey Oswald, la estatua de la Libertad, un busto de Ludwig van Beethoven, feas esculturas de yeso y calaveras azules. El nombre de The Beatles hecho con flores y plantas de marihuana es reemplazado aquí por el nombre de The Mothers elaborado con sandias destrozadas, zanahorias, tomates, pimientos e incluso la mano rota de un maniquí con las uñas pintadas. El cielo sobre las cabezas recortadas es azul en *Sgt. Pepper's Lonely Hearts Club Band* y azul eléctrico con tempestad de rayos en *We'Re Only in It for the Money*.

Entre los personajes utilizados por los Beatles hay algunos en perfecta comunión con Zappa, Lenny Bruce sin ir más lejos, pero también Burroughs, Stockhausen y Crowley. Pero decidió cortar por lo sano cualquier vinculación y estableció su propia nómina de celebridades, algunas tan presentes en el imaginario estadounidense como Oswald, inculpado por el asesinato de John F. Kennedy, y Lyndon B. Johnson, quien substituyó al presidente tras el magnicidio de Dallas, junto a villanos carismáticos como Fantômas y héroes directos de Zappa, caso de Hendrix.

El retrato deformado del collage de los Beatles aparece en *We'Re Only in It for the Money* en la parte interior de la carpeta a la derecha, mientras que a la izquierda se reproduce la contraportada de *Sgt. Pepper's Lonely Hearts Club Band*, con la fotografía del grupo en la parte inferior, impresa sobre el fondo rojo con las letras de las canciones. Si en el caso de los Beatles, ataviados con sus casacas sicodélicas, todos miran a cámara menos McCartney, que le da la espalda, en la de los Mothers todos, que siguen vestidos de mujer, están de espaldas y es Motorhead Sherwood, el único que no aparece en las fotos de portada y contraportada, el que mira a cámara y viste de hombre. Zappa, con el pelo recogido en dos voluminosas coletas, hace el signo de la paz con los dos dedos de su mano derecha, pero posiblemente esté haciendo el signo de la victoria.

Puede que el concepto, el grafismo y la polémica hayan hecho disminuir un tanto el interés por los sonidos que se cuecen en este disco abisal, pero hoy emerge como una de las obras mayores de Zappa. Más aún que el primer álbum de The Mothers, construido a partir de una idea disparatada de asociaciones musicales, *We'Re Only in It for the Money* es una obra totalmente conceptual que encadena segmentadamente melodías cínicas de rock, pop, *doo woop*, twist, folk, country, surf, garaje rock y sicodelia con diálogos intercalados al estilo de *Lumpy Gravy*, canciones con voces aniñadas o regrabadas, otras montadas encima de una conversación telefónica de la inevitable Suzy Creamcheese, constantes efectos sonoros, remansos de música clásica, montajes de música electrónica e industrial, risas repetidas en bucle y las cuerdas de un piano de cola que resonaban al contacto con las voces de la gente en un experimento de grabación que recuperaría en su última obra, *Civilization Phaze III* (1994). Zappa sabía rentabilizar aquellas cosas no preparadas de antemano que ocurrían, de repente, en el estudio de grabación.

El autor llegaría a decir, defendiendo su ideal contracultural de la música realizada en este disco, que podría cortas en pedazos las cintas originales y recomponerlas de otra forma distinta, y el resultado seguiría siendo igual de válido. Lo que para él era música completamente orgánica.

Si hay un trazo temático unitario alrededor de tanta experimentación sonora, ese es la repulsa contra la política de la derecha y de la izquierda, la subcultura hippy, la era lisérgica, el negocio musical, la policía, San Francisco –reemplazada durante varios meses por Nueva York–, los yuppies de entonces y los burgueses de siempre.

Con la única baja puntual de Don Preston –retirado según los créditos–, y con muchísima menos presencia (nula presencia) de los vientos pese a contar en la grabación con Ian Underwood, Motorhead y Bunk Gardner, *We'Re Only in It for the Money* es posiblemente el disco de The Mothers menos The Mothers y más Zappa.

Lo que nos lleva a la duda sobre quién participó realmente en su grabación. En la reedición en CD por parte de Zappa Records, se puede leer que todos los temas están compuestos, arreglados, orquestados y conducidos por Zappa y que, además, el disco está producido, concebido y ejecutado por él. Ejecutado. Otras versiones aseguran que, en la grabación, además del guitarrista, solo estuvieron Underwood, Bill Mundi y Roy Estrada, una idea nada desdeñable teniendo en cuenta lo difícil que resulta escuchar a los instrumentos de viento, lo que eliminaría de la ecuación de Motorhead y Gardner; que ya se dice explícitamente que Preston no participa y la batería de Jimmy Carl Black no sería tan necesaria teniendo en cuenta que ya está Mundi.

En los créditos oficiales, así como en las fotos de portada y contraportada realizadas por Jerry Schatzberg, aparece todo el grupo (menos Motorhead, destinado solo al interior), lo que nos llevaría a otra gran broma ideada por el demiurgo de la función: el disco acreditado a un grupo en el que buena parte del grupo, o el grupo entero, no toca. No sé cómo se lo tomó el resto, pero es otro acto irreverente para añadir a la postura de Zappa contra la ortodoxia en un momento en el que ser músico era para él una actitud política además de artística.

Los títulos de las piezas generalmente breves buscan siempre el contacto furioso, el puñetazo enojado, y atañen tanto a las imperfecciones del cuerpo y las convenciones sociales, como a las actitudes de la época que Zappa más odiaba: «What's the Ugliest Part of Your Body?», «Harry, You're a Beast», el profético «Flower punk» –este es un disco, en el fondo, bastante punk antes de que el punk existiera–, «Are you Hung Up?», «Hot Poop» o «The Idiot Bastard Son». La letra de esta última corrobora la ira del momento: «El padre es un nazi en el Congreso actual / La madre es una puta en alguna parte de Los Ángeles».

En otros, como «Flower Punk», hace una especie de radiografía de la escena hippy y rock de la época con la historia de un joven que quiere abrazar el ideario de las flores, el amor y la paz y tocar en un grupo sicodélico de San Francisco. Para reforzar esta visión, Zappa deconstruye, con el ritmo sincopado y las voces distorsionadas, un tema célebre de la época, «Hey Joe», utilizando también su texto. «Hey Joe, ¿a dónde vas con esa pistola en la mano?», empieza el tema original. «Hey punk, ¿a dónde vas con esa flor en tu mano?», cantan The Mothers. También hay hacia el final una cita bastante clara al riff de «Wild Thing».

Se da la circunstancia que tanto «Hey Joe», tema tradicional acreditado oficiosamente a Billy Roberts en 1962, como «Wild Thing», de The Troggs, son especialmente conocidas por las versiones que de ambas hizo en 1967 Jimi Hendrix, amigo de Zappa.

Pese a asumirse como un disco escasamente comercial, los responsables de Verve limitaron el alcance de las letras de algunas canciones, eliminaron referencias a Lenny Bruce y The Velvet Underground y cambiaron directamente frases de otras. Parece ser que Zappa utilizó una frase censurada grabándola al revés en los dieciséis segundos que dura «Hot Poop», pero es muy difícil de escuchar y entender.

Las referencias a los Beatles son varias, además de la reconversión de la portada de *Sgt. Pepper's Lonely Hearts Club Band*. «Loney Little Girl» y parte de «The Idiot Bastard Son» parecen un remedo deformado de las melodías de Paul McCartney, lo que aún resulta más ácido dado de lo que hablan. El título del álbum (Solo estamos en esto por la pasta) es una alusión directa al cuarteto de Liverpool, del que Zappa consideraba que se había vendido.

No es de extrañar que los ejecutivos de Verve estuvieran asustados pensando en la posibilidad de que los Beatles pudieran demandarlos por el uso de su portada, algo que no ocurrió en el sentido estricto. Pero las presiones de McCartney, quien en todo momento se mostró reacio a la parodia-imitación, surtieron efecto: la idea original de Zappa era colocar el fotomontaje en la portada, como en el disco de los Beatles, pero tuvo que claudicar ante las amenazas de McCartney y utilizarla en el interior. Poco tiempo después, Zappa y algunas madres tocarían con John Lennon y Yoko Ono. Sin rencores. O puede que al autor de «Imagine» ya le hiciera gracia la parodia gráfica de *We're Only in It for the Money*.

Conectando con *Lumpy Gravy*, el Zappa con coletas, vestido azul de terciopelo y encaje en el cuello de la contraportada piensa, y el pensamiento se traduce en un texto dentro de otro bocadillo de cómic en el que se pregunta si esto es la fase uno de *Lumpy Gravy*. No quedó contento con desconcertar en el disco anterior, sino que aquí volvió a unir ambos a partir de una premisa imposible, al menos si se respetan las fechas de grabación y publicación de ambos discos. Solo Zappa sabía la verdad.

CRUISING WITH RUBEN & THE JETS

(The Mothers of Invention, 1968)

Cruising with Ruben & The Jets es como las dos caras representadas por el Doctor Jekyll y Míster Hyde de la famosa novela de Robert Louis Stevenson. Puede apreciarse igualmente como un homenaje o restitución estética de dos de los estilos más conocidos de la música popular americana de los años cincuenta, el *doo woop* y el *rock'n'roll*, pero igualmente se percibe como una parodia de estos.

El propio título tiene algo de sospechoso ya que, cierto, *cruising* puede traducirse como navegando o yendo de crucero (con Ruben & The Jets), pero también es la palabra que describe la práctica del colectivo LGBT, sobre todo en tiempos poco o nada permisivos para la homosexualidad, en la que se busca pareja para un coito rápido en lugares públicos.

Ruben & The Jets es una banda chicana ficticia que practica el *doo woop*. Su líder se llama Ruben Sano, y la foto interior del disco, colgada al lado de

su imaginaria biografía, es la de un Zappa joven, con bigote finísimo y pelo corto y engominado. El nombre de The Jets procede inequívocamente de una de las dos bandas rivales de *West Side Story*, aunque en la obra de Arthur Laurents, Leonard Bernstein y Stephen Sondheim, los Jets son los jóvenes de ascendencia europea, y los Sharks los de origen puertorriqueño.

Zappa concibió pues un creíble envoltorio que luego trascendió a la realidad y generó no pocos equívocos. Tres o cuatro años después de grabar el disco, conoció a un cantante de *doo woop* de origen estadounidense-mexicano, llamado Rubén Ladrón de Guevara, congeniaron y le propuso formar una banda que se llamaría ... ¡Ruben & The Jets!

Zappa produjo el primero de los dos discos que hizo el grupo, *For Real!* (1973), en el que participó Motorhead Sherwood, el más entregado a la causa del *doo woop* de los integrantes de The Mothers junto a Zappa y Ray Collins. Activos solo hasta 1974, publicaron otro disco, *Con Safos* (1974), ya sin padrinazgo de Zappa.

Ideal, por supuesto, para el enfoque vocal y el falsete de Collins, *Cruising with Ruben & The Jets* no subvierte el tipo de letras de estas canciones, sino que las cuestiona llevándolas hasta el extremo. Un buen ejemplo es la titulada «Love of my Life»:

«Amor de mi vida, te quiero tanto / Amor de mi vida, no te vayas nunca / Solo te quiero a ti / Amor, amor de mi vida / (Amor de mi vida) / Las estrellas en el cielo nunca mienten / Dime que me necesitas, no digas adiós / Solo te quiero a ti / Amor, amor de mi vida».

No hay nada de experimentos sonoros, y si los hay, no consisten en otra cosa que grabar lo más sencilla y límpidamente posible para reproducir al pie de la letra la atmósfera de los discos de *doo woop*, aunque con algún acorde o cambio de tempo al gusto de Zappa: en la misma «Love of my Life», la batería seca y con reverberación resulta inusual en el género. Pero esto ocurrió en la remezcla de 1984, sobre la que más adelante nos centraremos.

El disco debía gustarle bastante a David Lynch, amante declarado de la estética de los Estados Unidos de los cincuenta, de los bares de taburetes y barras cromadas, los coches espaciosos y de este estilo musical, tan etéreo como pegajoso.

«Deseri» y «Anything» son puro pop acaramelado, la segunda con un solo de saxo satinado de Motorhead. «Jelly Roll Gump Drop» bascula hacia un *soul rock* hipnótico. «You Didn't Try to Call Me» es la canción que tiene unas mejores armonías, mientras que «Fountain of Love» resulta la más melosa y «No. No. No.» la más rítmica, con las voces marcando también los compases. Solo en «Cheap Thrills» se decantan hacia un comedido *rock'n'roll*.

Ruben/Zappa revivieron, cuando nadie sin duda lo esperaba, este género que apareció en las comunidades negras en los años cuarenta del siglo XX, criado entre el *gospel* y el *rhythm'n'blues* y aportando poco a poco algo del *swing*. El *doo woop*, o duduá, con esas voces maduradas y entrelazadas a capela, que tuvo en The Mills Brothers, The Turbans, The Zodiacs, The Lennon Sisters, The Penguins, Frankie Lymon and The Teenagers y, de forma más exitosa, en The Platters, a sus mejores practicantes. Otros cultivadores muy populares fueron Rene & Ray, cuyo gran éxito, «Queen of my Heart», es una de las influencias mayores de *Cruising with Ruben & The Jets*.

Además de los temas escritos expresamente para este ensayo deliciosamente anacrónico, Zappa, responsable de todas las canciones menos dos compuestas por Collins, «Deseri» y «Anything», recuperó cuatro temas de *Freak Out!* –«I'm Not Satisfield», «How Could I Be Such a Fooo», «You Dind't Try to Call Me» y «Any Way the Wind Blow»– y les otorgó convenientemente una relajada forma, demostrando que cualquier canción, cuando es buena, puede ser tocada en diversos estilos y con múltiples arreglos.

En 1984, Zappa decidió mezclar de nuevo los temas, añadió overdubs e incluso grabó nuevas partes de bajo y batería, a cargo de Arthur Barrow y Chad Wackerman, substituyendo lo registrado en el disco original por Estrada, Black y Tripp. El destinatario de esta nueva –y discutible– versión era *Old Masters Box One* (1985), la primera de las tres entregas de otra amplia panorámica retrospectiva de su obra.

No queda ahí la cosa. *Cruising with Ruben & The Jets* volvió a editarse en 2010 con el material original, pero ahora con otro título, *Greasy Love Songs*. Incluye como suculentos extras un tema inédito, tomas alternativas, una explicación radiofónica de la historia de Ruben & The Jets y una primeriza versión de «Love of my Life» rescatada de unas sesiones de 1963 en los estudios de Cucamonga.

Greasy Love Songs , aunque no lo pusiera él, pero quizá dejo escrito que así fuera, es un título que vuelve a sembrar la duda sobre las intenciones de Zappa al realizar el disco de 1968. Canciones de amor grasientas: antitético con el estilo dulzón y romántico del *doo woop*, género que, por otro lado, no escondió nunca el retrato de la diferencia de clases y razas, pero sin la beligerancia, rabia y tristeza del blues o el jazz.

Sería la tercera entrega de otro amplio proyecto llevado a cabo por los herededos de Zappa, el denominado *Project/Object*, que arrancó en 2006 con *The MOFO Project/Object* –una edición limitada de cuatro compactos en torno a *Freak Out!*–, prosiguió con el ya citado *The Lumpy Money Project/Object* de 2009 y se cerró con *Greasy Love Songs*.

Tras la remezcla lanzada en 1984, los dos baterías que fueron 'suplantados' (Black y Tripp), más Motorhead, Collins, Gardner y Preston, presentaron una demanda a Zappa, que ascendía a más de catorce millones de dólares, por no cobrar royalties desde 1969. Tuvo la visión de rodearse de los mejores. Tuvo el error de perderlos.

UNCLE MEAT

(The Mothers of Invention, 1969)

Disco doble esencialmente instrumental grabado entre octubre de 1967 y febrero de 1968, y banda sonora de una película de ciencia ficción dirigida por Zappa y protagonizada por The Mothers que nunca llegó a terminarse, aunque la funda interior del álbum incluye toda la línea argumental del film y en 1987 se editó, en video, una especie de documental sobre el proyecto.

Zappa no confiaba en poder tenerla lista entonces, y así lo expresaba por partida doble, en la portada y en las notas del disco:

«La mayor parte de la música de la película homónima de The Mothers, que aún no tenemos suficiente dinero para terminar".

«Esta película está almacenada en mi sótano, mientras intentamos conseguir los 300.000 dólares que faltan para acabarla y hacerla lo bastante decente para que pueda ser mostrada en un cine local para adolescentes. Este es un álbum de música para una película que probablemente nunca verás».

La larga divagación de «Nine Types of Industrial Pollution», con una digitación extremadamente cristalina de guitarra eléctrica, marca el estilo de este álbum más iconoclasta que cualquiera, así como el múltiple tejido de percusiones a lo largo y ancho del disco: con Jimmy Carl Black comparte algunas piezas otro baterista, Billy Mundi, y Artie Tripp aporta sugestivos detalles con marimbas, vibráfonos y xilofones secundado en varios cortes por Ruth Underwood hasta crear, junto a las flautas de Bunk Gardner y el órgano eléctrico, la celesta y el clavecín de Ian Underwood, pequeñas y delicadas sinfonías de juguete, algo así como minuetos *underground*, del que «The Uncle Meat Variations» sería la pieza más representativa.

Zappa profundiza en arreglos más sofisticados, progresivamente alejados del rock y el blues, y en la contraposición constante de metales, percusiones y tecla-

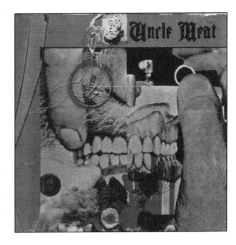

dos. Todos los instrumentos están doblados y la riqueza sonora es exponencialmente superior a la de los anteriores trabajos. Varios fragmentos de menos de un minuto de duración sirven de engarce entre el resto, como si fueran respiros o paradas en el camino.

Aunque los temas cantados no dejan de ser importantes, la voz adquiere en este disco la categoría de un instrumento más, como queda demostrado en los constantes juegos vocales entre *doo woop* y pop de «Dog Breath, In the Year of the Plague», o en la incorporación de la voz de la cantante soprano Nelcy Walker ondulando exageradamente entre los soliloquios de Estrada y Collins en «The Uncle Meat Variations».

De hecho, el propio autor explica en otro texto –es el disco de The Mothers con mayor contenido de literatura impresa en la cubierta, contraportada e interior– que «las letras de las canciones de este álbum fueron preparadas científicamente a partir de una serie al azar de sílabas, sueños, neurosis y bromas privadas –de las que nadie, excepto los miembros de la banda, se ríe nunca–, y otro material irrelevante. Son todas **muy serias** y cargadas de secretas profundidades *underground candy rock* y sicodelia (Básicamente, este es un disco instrumental)». El subrayado en negro es de Zappa, por si algún comprador del disco se despistaba en aquel momento y se lo tomaba verdaderamente en serio.

Hay algunas excepciones en distintas direcciones. «Our Bizarre Relationship» es un monólogo de nuestra amiga Pamela Zarubica, transmutada de nuevo en Suzy Creamcheese, relatando que ha vuelto al seno de The Mothers tras fracasar con el surf, los beatniks y las *groupies*; «If We'd All Been Living in California …"» documenta, en otro de los habituales juegos autorreferenciales, una discusión entre Zappa y Black sobre dinero, y «Mr. Green Genes», apoyada en un delicioso vibráfono, es uno de esos temas, entonces ciertamente sorprenden-tes, pero después pródigos en la obra de Zappa, de fraseo agradable y delicado ornamento, casi una balada… a contrapié de la clásica balada ya que habla de verduras y de comerte tus zapatos sin olvidarte los cordones (y los calcetines), como si fuera la secuencia de *La quimera del oro* (*The Gold Rush*, 1925) de Char-les Chaplin, para después comerte también la caja de los zapatos e incluso el camión que trasladó la caja a la zapatería.

Se incluye otro acercamiento al *doo woop*, está vez de un meloso irresistible –«The Air»–, pero está incrustado en medio de dos exploraciones de estructuras heredadas de Varèse y Stravinsky, «We Can Shoot You» y «Project X». La letra de «Dog Breath, In the Year of the Plague» es un sin sentido: «Cucuroo my carucha (Chevy '39) / Going to El Monte Legion Stadium».

Uncle Meat, inabarcable, cuenta también con una deconstrucción absoluta de «Louie Louie», ya citada en sus primeros compases en el primer disco del grupo; una perversión del pop más pegadizo de los cincuenta en «Electric Aunt Jemina», y una explosión de *free jazz* capturada en directo en Copenhague y ca-pitaneada por el saxo pulmonar de Underwood, «Ian Underwood Whips It Out», precedida de un monólogo del propio músico en el que explica como conoció a Zappa y empezó a tocar con él y la banda.

El segundo disco presenta seis variaciones del tema «King Kong» en clave esencialmente jazzística, terreno expresivo en absoluta libertad para las acome-tidas de los saxofonistas: «As Motorhead explains its», con una improvisación frenética de Motorhead Sherwood al saxo tenor solo atenuada por el transpa-rente piano eléctrico de Don Preston que da paso a «The Gardner Variations», con un expansivo solo de saxo soprano manipulado de Bunk Gardner, y remate final a cargo del afilado saxo alto de Underwood y una improvisación coral en «The Underwood Ramifications».

En la reedición digital de 1987 se añadieron en el segundo disco dos extractos dialogados de la película y una parodia falocrática titulada «Tengo na mincha tanta», perteneciente a unas sesiones posteriores de The (Vaudeville) Mothers of Inven-tion con los cantantes-humoristas Mark Volman y Howard Kaylan, en la que, en italiano, el protago-nista del tema describe lo grande que tiene la polla y la conveniencia de usar un pollo para sentirla bien. Así las gastaban entonces, entre el sarcasmo inteligente y la provocación fácil.

HOT RATS

(Frank Zappa, 1969)

Hot Rats está acreditado a Zappa en solitario. Y cierto, los seis temas del disco son suyos, los arreglos y la producción también y toca todas las guitarras, percusiones y pedales de bajo Octave. Pero en las fotos interiores, además de algunas imágenes distorsionadas, hay cinco de él mismo, una virada de Ian Underwood y otra de ambos, Zappa con bombín y Underwood, elegante, con jersey de cuello alto. También se incluye, en formato casi de sello de correos, una instantánea del rostro del Captain Beefheart –que canta el conocido «Willie the Pimp» sobre el que ya nos hemos extendido– colocada encima de algo que puede ser tanto un cohete espacial de los años cincuenta como una batidora.

Esas dos fotos, una en solitario, otra compartida, de Underwood ya indican, conociendo a Zappa, la importancia que el multi-instrumentista tuvo en el desarrollo de este disco. Underwood, que acababa de recalar en las filas de The Mothers of Invention, es algo más que el sostén del compositor y guitarrista: todo el sonido, menos guitarras, bajos, baterías y violines, le corresponde a él, encargándose de piano, órgano, flauta, tres saxos y varios clarinetes.

Y si además de la historia del proxeneta Willie tuviéramos que encontrar una canción que definiera por si sola este álbum, y por extensión buena parte de la obra de Zappa, esa sería sin duda «Peaches En Regalia», una de sus piezas más luminosas, contagiosas y coloristas, difícil de encuadrar en algún género o estilo dadas esas complejas armonías –¿Es jazz? ¿Es pop? ¿Es música concreta? ¿Qué diablos es esta original composición? – que dan como resultado, paradójicamente, un sonido diáfano y transparente. Underwood es quien convierte este maravilloso tema en lo que es a través de sus combinaciones de fraseos de piano y órgano y las melodías que ejecuta con clarinetes bajos y saxos altos, con Zappa digitando las seis cuerdas de la guitarra como si fuera una mandolina. Un tema fascinante e irrepetible, tan clarividente como misterioso.

Pero en las obras maestras, aunque uno o dos temas destaquen por encima del resto –porque entran mejor a la primera escucha, porque implican una parte emocional, porque es el esperado que toquen en los conciertos, incluso el que tatareas en estado jovial–, lo que manda es el conjunto, su coherencia y cohe-sión. Zappa no es un autor de canciones, sino de conceptos y de álbumes. *Hot Rats* posee dos gemas maravillosas, pero lo que importa, y lo que funciona con precisión, es el todo, la suma de sus seis partes.

De este modo, tras relamernos con los melocotones en regalía, nos en-frentamos con el diabólico solo de guitarra de «Willie the Pimp» que casi deja en nada al relato gangoso de Beefheart y a ese extraordinario violín eléctrico que Sugarcane Harris introduce en los primeros compases de la canción y a los que vuelve en su parte final, recordando como empezó todo en estos más de nueve minutos con los que se prolonga el tema.

Desconcertados y admirados aún –sí, *Hot Rats* es un disco sorprendente y es-tilísticamente admirable, un salto con poca red para los que esperasen entonces al Zappa de The Mothers–, sigue otra desequilibrante estampa visual de nueve minutos también, «Son of Mr. Green Genes», en la que las combinaciones de guitarras y teclados –es sorprendente el partido que Underwood le saca al ór-gano– son muy originales. El tema es una prolongación o sucesión, en realidad una variación instrumental, del «Mr. Green Genes» de *Uncle Meat*, planteado desde el título en los términos que tanto le gustaban a Zappa de las películas fantásticas de serie B: *Son of Dracula, Son of Frankenstein*, etc.

La estructura de «Little Umbrellas» es similar a la de «Mr. Green Genes», más relajada y minimalista, pero a continuación, con «The Gumbo Variations», doce minutos de *jam sesión* bien pautada, regresa implacable la esencia *rhythm'n'blues* con una sucesión de hirientes solos del saxo de Underwood y del violín, con un Sugarcane aún más liberado, mientras la guitarra de Zappa va cambiando de registro, más rítmica, más rasgada, entrometiéndose con los otros instrumentos, marcando el tono siempre. Un instrumento substituye a otro en las partes solistas, pero tras una aproximación más tímida de la guitarra y la promesa finalmente no cumplida de los solos de batería y bajo, es el violín el que vuelve a coger las riendas con unos sonidos que sabe Dios de dónde los extrajo Sugarcane.

Siempre, siempre, tras la tormenta llega la calma, y eso es «It Must Be a Ca-mel», un tema que, aunque escrito por Zappa con armonías de jazz, parece de Underwood, desdoblado en saxos y clarinetes al mismo tiempo mientras aguanta con el piano las curiosas embestidas de Zappa con arpegios de guitarra repletos de silencios. En el tema participa Jean-Luc Ponty, pero su tímido violín queda absorbido por el conjunto.

No he utilizado antes estampa visual al azar: *Hot Rats* es un disco con una narrativa casi cinematográfica –presentación, nudo y desenlace–, y el propio

Zappa lo anuncia con un comentario en la parte central de la carpeta: «This Movie for Your Ears». ¿Se puedes hacer películas que entren por los oídos? Tanto como canciones que entren por los ojos.

Hasta tres baterías (John Guerin, Paul Humphrey y Ron Selico) y dos bajistas (Max Bennett y Shuggy Otis) participaron en la grabación, testigos activos de lo que Zappa y Underwood decidieron relatarnos en clave instrumental, con la salvedad del tema cantado por Beefheart, en un elevado estado de inspiración.

Nota 1. No confundir a Paul Humphrey con otro batería que tocó con Zappa poco después, Ralph Humphrey: Paul, músico de jazz, funk y soul, tocó con Charlie Mingus, West Montgomery y el organista Jimmy Smith, además de participar en la gran obra de orfebrería soul de Marvin Gaye, *Let's Get It On* (1973).

Nota 2. Shuggy Otis tenía solo quince años, a punto de cumplir los dieciséis, cuando tocó el bajo en la grabación de «Peaches En Regalia». Es hijo del polifacético Johnny Otis, compositor, cantante, productor, periodista y empresario. En la misma época de *Hot Rats* participó como guitarrista en *Kooper Session* (1969), segunda entrega de las célebres sesiones conducidas por el organista Al Kooper, que un año antes se habían materializado en el álbum *Super Session* (1969),

con Kooper, Mike Bloomfield y Stephen Stills. No tardó mucho en grabar sus primeros discos, ya convertido en guitarrista, bajista, teclista y percusionista: *Here Come Shuggie Otis* (1970) y *Freedom Flight* (1971). En el segundo participaron dos *madres*, George Duke y Aynsley Dunbar, e inició con él una fructífera singladura por los caminos del funk y el *soul* sicodélicos.

Nota 3. Zappa siempre tuvo buen ojo para los buenos músicos.

BURNT WEENY SANDWICH

(The Mothers of Invention, 1970)

Burnt Weeny Sandwich en el título de portada. Bocadillo de salchicha quemada. Y en la contraportada, la frase «Oh, Dios, ¡es un sabroso pequeño chupón!» No la piensa Zappa, sino que es la expresión que sale de la mente de uno de los Mothers, tomando la ya clásica forma de un bocadillo de cómic mientras se zampa un gran pero desenfocado sándwich. Zappa diría que el título, y el sándwich que intuimos, no es ninguna broma, sino que se corresponde con un tipo de *hot dog* hebreo con el pan muy quemado. A saber.

La cubierta del disco está, también, en la sintonía provocadora habitual, con unos extraños artilugios mecánicos y una mano cercenada, ensangrentada y ensartada con un clavo que se entrelaza con otras dos manos. La portada original de *Sticky Fingers* (1971) de los Rolling Stones, no la de la cremallera de la bragueta, sino la de los dedos humanos cortados emergiendo pringosos del interior de una lata de conserva, no tiene nada que envidiarle a la de *Burnt Weeny Sandwich*.

Pero el contenido no resulta tan extremo. Abre el fuego «WPLJ», compuesta por el grupo de *doo woop* The Four Deuces, aunque reencarnada en una canción surf al estilo Beach Boys y con un final que incluye el sampleado de un individuo mexicano hablando airadamente de las chingadas; no es otro que Roy Estrada y lo que hace bien podría ser un rap pachuco. Y se cierra en perfecto círculo con «Valarie», versión de otra banda de *doo woop* de los sesenta, Jackie and The Starlites, con toques surf y trémolos de guitarra, herencia menos aterciopelada de la música de *Cruising with Ruben & The Jets*.

El resto es instrumental y de lo más variado. El tema estrella sería «Little House I Used to Live In», capturado en concierto. Se abre delicadamente con el piano de Ian Underwood y adquiere un desarrollo de cambios constantes: el centro del tema está galvanizado por un frenético solo de violín de Sugarcane Harris al que le siguen distintos movimientos para acabar con un solo de órgano del propio Zappa.

Antes, en «Aybe Sea», todos se han movido al compás del mismo piano acústico de Underwood y sus notas finales al metrónomo. Hay dos breves homenajes a Igor Stravinsky, «Igor's Boogie Phase One», con un redoble de *boogie*, y «Igor's Boogie Phase Two», con saxos y bocinas.

«Overture to a Holiday in Berlin» cuenta con una pianola festiva y un saxo de decadente actuación cabaretera, con una alegre incursión de xilófono que enlaza con la rugosa guitarra de «Theme from Burnt Weeny Sandwich», otra clásica improvisación dinamitada por el uso a contratiempo de crótalos, platillos y una variada gama de percusiones. La bulliciosa «Holiday in Berlin, Full Blown» cuenta con fraseos de saxo de aire circense, otro despliegue de percusiones sin par y un solo de guitarra a medio tiempo, de notas perezosas, el mismo sentimiento que debía tener entonces Zappa al enfrentarse al hecho de la disolución de la banda, la posibilidad de formar otra o seguir trabajando en sus discos en solitario.

Burnt Weeny Sandwich fue editado cuando la banda se había separado y recoge temas registrados mayormente en estudio entre los veranos de 1967 y 1969. No son grabaciones 'limpias'. El solo de guitarra de «Theme from Burnt Weeny Sandwich» procede de una parte de «Lonely Little Girl», de *We'Re Only in It for the Money*, finalmente desechada, y el órgano «Little House I Used to Live In» fue grabado en un estudio y añadido al final de la canción en directo.

Tenían tantos temas por sacar a la luz que el siguiente disco, *Weasels Ripped my Flesh*, se completó también con canciones sobrantes de esta época.

WEASELS RIPPED MY FLESH

(The Mothers of Invention, 1970)

Continuación o prolongación de *Burnt Weeny Sandwich* –podrían haber salido como un doble álbum sin ningún problema– *Weasels Ripped my Flesh* prosigue la idea de dar unidad a diversas partes fragmentarias. Recoge igualmente temas grabados aquí y allá entre 1967 y 1969, la mayoría en directo –con las reacciones del público generalmente eliminadas– y pertenecientes a las giras conocidas como Electric Chamber Music.

Incluso en un caso, la mitad de una pieza fue registrada en un lugar y la segunda parte en otro, un recurso que recuerda a la forma de trabajar obligada de Orson Welles: después de ser desterrado de Hollywood, el director filmó algunas de sus películas en escenarios distintos durante dos o tres años

–y a veces rodó el plano de un individuo conversando en una localización y tuvo que filmar en un lugar distinto, meses después, el contraplano del personaje que le escucha–, ensamblándolo todo, dándole credibilidad, en la mesa de montaje, como Zappa se la daba a sus canciones en la mesa de mezclas del estudio.

Pese a esa variedad en la captura de cada tema, y la misma variedad estilística, ya que casi cada canción pertenece a un género distinto, la unidad de estilo es absoluta. Una de las mejores obras de The Mothers of Invention aunque no fuera pensada, compuesta y registrada como si de un álbum tradicional se tratara, ya que el grupo se había disuelto y Zappa miraba en sus archivos y volvía a recopilar instantáneas anteriores.

La formación es poderosa y admite todo tipo de timbres gracias a la versatilidad de los instrumentistas. «Didja Get Any Onya?», el tema de apertura, es puro *free jazz*, pero el siguiente, «Directly from my Heart to You», conducido por la voz y el violín de Sugarcane Harris, regresa a los parajes del blues del delta del Mississippi, y eso que es obra de Richard Wayne Penniman, el nombre real de uno de los reyes del *rock'n'roll* y el soul, Little Richard.

No hay disco de The Mothers sin alguna canción que adquiera el aire de una tomadura de pelo, de un divertimento entre los músicos antes que una exposición para el oyente. Esto ocurre con «Prelude to the Afternoon of a Sexually Aroused Gas Mask», construida a partir de voces disonantes y carcajadas en forma de exabruptos; claro que, con ese título («Preludio a la tarde de una máscara de gas sexualmente excitada», el recuerdo a las máscaras de gas de su adolescencia), no podía esperarse otra cosa.

La vena jazzística, influenciada por el *be bop* más radical, aparece en «Toads of the Short Forest», en la estructura antes que en el sonido. Estamos ante uno de los discos en los que Zappa dio mayor importancia y consistencia al trabajo con los vientos, con los saxos alto, tenor y barítono entrelazados de Ian Underwood, Bunk Gardner y Motorhead Sherwood, más la aportación esporádica de la trompeta del otro Gardner, Buzz.

«Get A Little» es una de esas piezas breves que le servían a Zappa para desarrollar sus ideas con el *wah wah* hasta convertir los pedales de la guitarra en una de sus señas de identidad. No faltan los temas-laboratorio diseñados a partir de sonidos electrónicos y constantes *cut-ups*, como «Dwarf Nebula Processional March & Dwarf Nebula».

Zappa solo canta en un tema, «My Guitar Wants To Kill Your Mama», desdoblándose además en breves solos acústicos y eléctricos. Era otro de los signos distintivos, la diversidad de registros vocales y, por ello mismo, de puntos de vista: las canciones están escritas en primera o tercera persona y son los vocalistas distintos quienes le confieren su identidad en cada ocasión.

«Didja Get Any Onya?», por ejemplo, cuenta con la voz de Lowell George, Roy Estrada se encarga de representar a la máscara de gas sexualmente excitada, Sugarcane asume el papel de Little Richard y Ray Collins, en su último servicio prestado al grupo, interpreta la canción más agradable, «Oh No», en un estilo muy Canterbury Sound, sobre todo en la línea del Richard Sinclair de Caravan, aunque hacia el final manipula la voz, lo que es el preludio para pasar a «The Orange Country Lumber Truck», otro festival de guitarra con *wah wah* sobre un ritmo de patrón incisivo.

Pero cuidado, porque cuando Zappa sabía que empezaba a deleitar, o que estaba haciendo lo que otros ya habían hecho mejor o peor, cortaba en seco. Así, de forma abrupta y tajante, concluye inesperadamente el solo de este tema para dar entrada a la salvajada sonora de dos minutos de duración que da título al disco, acoples parasitarios y zumbido industrial que, esta vez sí, concluye con el aplauso del público de Birmingham donde la pieza fue capturada en vivo.

Pero la pieza mayor del disco en sin duda «Eric Dolphy Memorial Barbecue», un tributo al saxofonista y clarinetista elaborado con múltiples capas de sonidos y armonías, las peculiares secciones de percusión, cortes rápidos y aceleraciones, órganos cósmicos y saxos: empieza de una forma, se desarrolla de manera distinta y nunca sabes cómo puede terminar.

CHUNGA'S REVENGE

(Frank Zappa, 1970)

Soul, blues, rock, *rhythm'n'blues, jam session, rockabilly, rock'n'roll, surf pop*… ¿Se puede pedir algo más en un solo disco? Zappa siempre tuvo esta habilidad en términos estrictamente genéricos: dar más de lo previsto. Y darlo en forma de fintas y amagos, distintos y constantes. Empezar un tema de una manera y terminarlo de forma antagónica. Desmostar los tópicos y la ortodoxia de cada estilo representado. Ser puro con los géneros (el blues, sobre todo) y, al mismo tiempo, socavar sus cimientos.

Todo esto es *Chunga's Revenge*, la mejor obra en solitario de Zappa junto a *Hot Rats* en esta época en la que alternaba sus proyectos personales con los discos de The Mothers of Invention. Es complicado saber dónde terminaba uno y empezaba el otro, cuando el solista necesitaba de la coralidad y cuando el grupo era prescindible. ¿Cómo se compone, arregla, orquesta y graba una canción con idénticos músicos pensando que es para una obra en grupo o para una propuesta individual? Un misterio que aún está por resolver, como el que atañe a Neil Young con o sin Crazy Horse en los setenta, o a Peter Hammill dentro o fuera de Van Der Graaf Generator.

También es probable que algunas de las canciones que aparecen en los discos de Zappa fueran concebidas para los álbumes de The Mothers. Pero él, como compositor generalmente en solitario, decidía donde una pieza encajaba mejor. Y en eso, este álbum es muy consecuente –por interpretación antes que por concepción– al eliminar varias de las aristas que caracterizaron a The Mothers.

Chunga's Revenge cuenta con una portada tremendamente airada en la que Zappa, fotografiado en blanco y negro y recortado sobre fondo en rojo intenso, abre la boca en un alarido suponemos que iracundo. Debajo de la instantánea puede leerse: «Una aspiradora industrial mutante y gitana baila sobre un misterioso campamento nocturno en libertad. Decenas de castañuelas importadas, atenazadas por la horrible succión de su manguera de alta resistencia, se agitan con marginal abandono erótico en el aire otoñal de medianoche». ¿De verdad estaba enfadado cuando se le ocurrió este texto?

Se abre con «Transylvannia Boogie». El castillo del conde Drácula, los Cárpatos, vampiros, zíngaros, estacas, imágenes sin reflejo en los espejos, crucifijos para ahuyentar al morador de las tinieblas… Pues no, el tema comienza con unos arpegios de guitarra de raíz árabe. Comienzan sin preámbulo alguno. Depositas la aguja sobre el vinilo o le das al *play* del compacto, y la guitarra surge de la nada, derivando después hacia el ritmo *boogie* que anuncia el título.

Acostumbrados a la compleja instrumentación habitual en The Mothers, a los circunloquios en los arreglos, esta primera canción tiene una formación desnuda: guitarra, bajo, batería y un simple órgano de fondo pulsado por Ian Underwood.

En el segundo corte, «Road Ladies», el mismo órgano, ahora tocado por George Duke, adquiere un primer plano sacro, ya que el tema comienza como una sesión de góspel y se despliega a continuación con la forma de un blues de arquitectura ortodoxa, saboteado por los divertidos coros y una guitarra que recuerda a la de Jimi Hendrix más que nunca.

«Twenty Small Cigars» es una preciosa miniatura dibujada con guitarra y clavecín.

En «The Nancy and Mary Music», dividida en tres movimientos, se alternan solos de batería, de guitarra, piano eléctrico y piano electrónico (en realidad un sintetizador que imita a la perfección todo tipo de instrumentos de teclado, viento y cuerda mediante sensores que marcan la duración de cada nota, y que no debe confundirse con el clásico piano eléctrico).

A partir de aquí, el sentido narrativo y bromista de las voces de Mark Volman y Howard Kaylan se apodera de buena parte del disco. Aparecen acreditados como The Phlorescent Leech & Eddie, en realidad el título del disco que publicarían en 1972 a nombre de Flo & Eddie, con el concurso de varias *madres* (Preston, Dunbar y Pons) pero sin Zappa. El compositor utilizó a la dupla cómica en *Chunga's Revenge* de manera distinta a cómo se integrarían ipso facto en los nuevos The Mothers de 1971. Menos conversación satírica y más deconstrución del pop tradicional.

En todo caso, en este disco empezaron a sentarse las bases de la modalidad vaudeville del grupo, materializada en dos álbumes oficiales –*Fillmore East-June 1 y Just Another Band from L.A.*– y con otros temas desperdigados en artilugios no oficiosos como los extraños recopilatorios *Freaks & Motherfuckers* (1983) y *Disconnected Synapses* (1992).

Flo & Eddie gritan en «Tell Me your Love Me» que la persona amada les diga que los quiere, pero nadie los escucha, porque nadie se cree el romanticismo desesperado de ese enunciado. Underwood se suma a la ironía tocando el órgano de tubos, aunque no hay liturgia alguna en el tema.

La música de Zappa puede ser una fiesta: «Would you Go All the Way?» es un nuevo relato de pop humorístico de Flo & Eddie con un festivo trombón tocado para la ocasión por George Duke.

Y si el teclista Duke deja los pianos, sintetizadores y órganos para soplar uno de los instrumentos de viento más difíciles, Underwood asume en el tema central, «Chunga's Revenge», el protagonismo del que generalmente goza Zappa: aquí es el saxo alto el que se prolonga con el pedal *wah wah* en irresistibles notas que imitan a la guitarra mientras Sugarcane Harris proporciona relajadas bases con el órgano.

Zappa se permite la licencia en «The Clap» de un experimento con percusiones tocadas por él mismo (set básico de batería, cajas chinas, tambores cilíndricos y *boo-bams*, un instrumento formado por una serie de tubos con membranas estiradas en un extremo) en recuerdo de sus pinitos más vanguardistas bajo el influjo de Varèse.

El disco llega a su fin. «Rudy Wants to Buy Yez a Drink» es un divertimento pop que habla de las estrellas del rock, mientras que «Sharleena», cerrando en *happy end* el relato discográfico, es un tema a medio tiempo de indisimulado y evanescente estribillo pop: «Sharleena / Estoy llorando / Estoy llorando / Llorando por Sharleena / ¿No lo sabes? / Estoy llorando / Estoy llorando / Llorando por Sharleena / ¿No lo ves? / ¡Envíame a mi bebé a casa! / ¡Envíame a mi bebé a casa! / Envía a mi bebé a casa / ¡Envía a mi bebé a casa conmigo!».

WAKA/JAWAKA

(Frank Zappa, 1972)

Nunca he entendido del todo las apreciaciones que convierten a *Hot Rats*, *Waka/Jawaka* y *The Grand Wazoo* en la trilogía de jazz fusión de Zappa. Los dos segundos discos están conectados en cuanto a arreglos e instrumentistas, pero escasa relación mantienen con el patrón sonoro del primero, en su ejecución y versatilidad genérica.

Ninguno de los temas de *The Grand Wazoo* y *Waka/Jawaka*, que sí comparten un ideario común entre ellos, se asemeja en lo más mínimo al blues colérico de «Willie the Plimp», uno de los que describen mejor *Hot Rats*. Así que el concepto trilogía, tan importante en general en el arte para otorgar una especie de marchamo de calidad a un autor, sea cinematográfico –trilogía de la caballería de John Ford, trilogía de la incomunicación de Michelangelo Antonio, trilogía del silencio de Ingmar Bergman, trilogía del dólar de Sergio Leone, trilogía de la vida de Pier Paolo Pasolini, los tres colores de Krzysztof Kieslowski, trilogía de la depresión de Lars von Trier– o literario –la trilogía estadounidense de Philip Roth, la trilogía de Nueva York de Paul Auster–, podría ser puesto muy en duda en esta ocasión.

Otra cosa, que siempre debemos de tener en cuenta con el personaje, es que Zappa jugara al despiste en la portada, ya que la de *Waka/Jawaka* consiste en un lavabo dibujado: en el grifo de la izquierda puede leerse la palabra hot (caliente), pero en el de la derecha no aparece cold (frío), como sería lo normal, sino rats. Y ya tenemos continuación.

No es lo mismo la hipotética unidad de estilo entre estos tres álbumes, y esa unidad es lo que les conferiría a las obras la pertenencia a algo común, que, por ejemplo, las claras similitudes entre los tres discos de ritmos ominosos y melodías siniestras de The Cure grabados entre 1980 y 1982, *Seventeen Seconds*, *Faith* y *Pornography*, una trilogía oscura que muy bien podría haberse editado en una caja triple y no desentonaría.

Dicho esto, que importa muy relativamente para el disfrute de los discos, *Waka/Jawaka* supera con creces a *The Grand Wazoo*. El primero se publicó en julio de 1972, y el segundo apareció en las tiendas en noviembre del mismo año, pero fueron gestados juntos, entre abril y mayo de 1972. Zappa amalgamó en *Waka/Jawaka* lo más efusivo de esas grabaciones, y dejó una parte más conceptualmente diversa para The *Grand Wazoo*. Que uno esté acreditado a él en solitario y el otro a The Mothers forma parte de los misterios que el compositor se llevó a la tumba.

Solo cuatro temas, dos de larga duración, instrumentales, y un par más cortos y cantados. Los más de diecisiete minutos de «Big Swifty» permiten un montón de cambios de sentido y, sin que casi nos demos cuenta, pasamos de un extenso discurso con la guitarra a una métrica similar de las seis cuerdas eléctricas ejecutada ahora por un combinado de instrumentos de viento con mucho protagonismo de la trompeta, no una, sino varias al mismo tiempo.

De los dos temas cantados, «Your Mouth» y «It Just Might be One-shot Deal», este segundo es el que brinda más sorpresas gracias a la guitarra hawaiana de Jeff Simmons, la slide tocada por Tony Duran y el *pedal steel* de Sneaky Pete Kleinov, un tipo que sabía mucho del instrumento, ya que fue miembro de los The Flying Burrito Bros y tocó con The Byrds, Jackson Browne, The Eagles, Joe Cocker, Everly Brothers y la Steve Miller Band, pero que solo compareció en la obra de Zappa en esta ocasión. El uso de estas guitarras siempre ondulantes tiene la capacidad de transportarnos a un tiki bar de Maui, sin que sea para nada el tradicional sonido exótica, y a un local donde tocan blues en Georgia. Así de fácil.

«Your Mouth» es la válvula de escape habitual que Zappa se guardaba en la recámara, un tema discordante con el resto, un blues pop bailable y húmedo con los metales rememorando una sesión de *soul*, inflamado de forma subterránea por esa guitarra que a veces parecía muy tímida, como fuera de lugar.

Cierra el álbum el otro tema largo, «Waka/Jawaka», un verdadero prodigio. Empieza con unos vientos vitalistas sobre el regio entramado rítmico que proporciona el bajo activado con pedales *fuzz* de Erroneous. El trabajo con los saxos barítono y tenor, trombones, clarinetes, flautas, flautines, fiscornos y trompetas de este tema (tocados por Mike Altschul, Kenneth Shroyer, Bill Byers y Sal Marquez) es lo que da mayor sentido a la etapa *big band* de Zappa, nada nuevo, si lo contemplamos desde la perspectiva de la historia del jazz, pero sí con un interesante trasunto evolutivo en el contexto de su obra y las inquietudes manifiestas de no anquilosarse y crecer como compositor.

La pieza tiene momentos de musical jazzístico de Broadway, de *score* cinematográfico de thriller de los sesenta que no desmerecería en una partitura

de Lalo Schifrin o Elmer Bernstein, y un recital de mini-moog de Don Preston quien, a diferencia del piano eléctrico manipulado con el efecto de retardo del Echoplex que toca Duke en el primer tema, suena aquí más sicodélico, casi astral, a la vera de Sun Ra.

Si Zappa, con su habitual habilidad para la polémica, quiso demostrar que el jazz no había muerto y que podía ser muy divertido, *Waka/Jawaka* fue una inmejorable e implacable declaración de intenciones.

THE GRAND WAZOO

(The Mothers, 1972)

La orquesta formada para grabar *The Grand Wazoo*, más nutrida que la de los temas de *Waka/Jawaka*, es mucho más 'formal' que la orquesta sinfónica eléctrica aglutinada para Lumpy Gravy. La idea de Zappa era arreglar y ejecutar sus piezas con una amplia formación al estilo de las *big band* jazzísticas, pero sin olvidar sus raíces más rock y blues.

Por ello conviven en los temas de este disco, como el que le da título, desarrollos de jazz y jazz-rock –o de fusión– bastante clásicos, con las partes solistas a cargo de los metales –especialmente el aleteo de la trompeta con sordina de Sal Marquez–, y filigranas de la guitarra *bottle neck* a cargo de Tony Duran, uno de los muchos instrumentistas citados para esta particular digresión en relación con otras quimeras musicales del autor.

«Cletus Awreetus-Awrightus», la única pieza corta del disco, con sus aires de pianola de cabaré en la parte intermedia, es quizá la composición en la que

mejor se encuentran, entienden y expresan los mundos sonoros contrarios de Zappa: la melodía y el desarrollo es identificable con muchos temas previos de The Mothers, incluyendo los irónicos coros, pero los arreglos orquestales le dan una orientación distinta, a la vez que complementaria. Lo mejor de estas incursiones de Zappa por la música orquestal es que no suponen una ruptura radical respecto a sus otros trabajos. Todo fluye de manera muy normal pese a tratarse de temas escritos e interpretados de formas diversas.

Es normal, por otra parte, que este tema tenga ese aire entre cómico y sublime, ya que Cletus, o Cleetus, es el protagonista del disco, subtitulado *The Legend of Cleetus Awreetus-Awrightus & The Grand Wazoo*. Este remedo de monarca romano es en manos de Zappa un Emperador Funky que cuenta con una fantástica armada de músicos desempleados con los que lucha contra el villano Mediocrates of Pedestrium, quien también cuenta con una armada fantástica a la que se enfrenta los lunes de cada semana.

De esta guisa es el relato esrito en el interior del álbum, en el que se cuenta que la armada de Cleetus es en realidad una *big band* compuesta por cinco mil metales (la fuerza aérea), cinco mil baterías (la artillería), cinco mil músicos encargados de los instrumentos eléctricos (la sección química, biológica y sicológica de la guerra) y otros cinco mil tipos con tablas de albañilería atadas al pecho, cada uno de ellos agarrando con fuerza media cáscara de coco con la que golpean con energía y rítmicamente la tabla (la caballería). Teniendo en cuenta que Zappa y Terry Gilliam se conocían, es más que factible pensar que los Monty Python tomaran esta idea prestada para *Los caballeros de la mesa cuadrada y sus locos seguidores* (*Monty Python and the Holy Grail*, 1975), en la escena en la que dos caballeros cabalgan monturas invisibles y uno de ellos golpea dos cocos para simular el ruido de los cascos de los caballos. Se me olvidaba decir que Cleetus dirige a su *tropa-big band* en plena batalla blandiendo una trompa misteriosa.

El ejército de Mediocrates tiene más o menos los mismos efectivos más un grupo de siniestros mercenarios conocidos como … la sección de cuerdas (en el disco no hay violines, violas y violonchelos). A todo esto, gravitan por el lugar cinco mil dinámicos vocalistas masculinos vestidos con esmoquin reforzados con cinco mil cantantes femeninas y cien mil, ahí es nada, vocalistas de acompañamiento. Ah, también aparece en la historia un individuo llamado Ben-Hur y apellidado Barrett. Intencionadamente o no, el *redneck* de la serie *Los Simpson se llama Cletus.*

Otro tema del disco, «Eat That Question» no tiene absolutamente nada de orquesta de jazz. Todo lo contrario. La ambiental introducción del piano eléctrico de Duke, los múltiples solos de trompeta y de guitarra, el patrón rítmico organizado por Aynsley Dunbar con mucho juego de caja y platos, tienen más de rock progresivo, y el colofón es con todos los instrumentos en progresión repitiendo las notas iniciales del piano eléctrico.

Tampoco hay ecos del sonido de las *big band* en «Blessed Relief», un corte en el que el bajo y el omnipresente piano eléctrico de Duke es muy propio del jazz rock, pero las intervenciones de los metales y los vientos de madera tienen más de jazz cálido y relajado de la Costa Oeste. La idea de la *big band* fue una especie de cobertura, un paraguas temático bajo el que Zappa se guareció para adentrarse por el jazz, o el seudo-jazz, tal y como le apetecía entenderlo en ese momento.

Nunca sabremos si, de no haber sufrido el accidente en el concierto londinense de 1971 que le dejó una larga temporada en silla de ruedas, Zappa habría orientado sus intereses en esta dirección. Conviene no olvidar que entonces estaba en su máxima expresión el ideario más vodevilesco de The Mothers, y el hecho de no poder tocar en directo fue determinante en la forma de elaborar

y registrar la música de *The Grand Wazoo*, en la que Zappa tiene un papel notoriamente distinto como instrumentista, en este caso no tanto por decisión, como en *Lumpy Gravy*, sino por obligación: su guitarra suena siempre mucho más calmada, casi aletargada y dilatada, fruto del tiempo en el que estos temas fueron concebidos y de la relación del instrumento con el cuerpo del instrumentista. No es lo mismo tocar de pie que, uso del pedal *wah wah* al margen, sentado en una silla.

OVER-NITE SENSATION

(Frank Zappa and The Mothers, 1973)

Como en el caso de *Hot Rats*, cuyo efecto global queda algo vampirizado por dos de sus canciones, «Peaches En Regalia» y «Willie the Pimp», a *Over-nite Sensation* podría pasarle algo parecido dada la fuerza de su primer tema, «Camarillo Brillo», otra de las indudables gemas de su extenso repertorio. «Camarillo Brillo», por su paleta colorida, sería el equivalente a «Peaches En Regalia», y la tercera canción del disco, «Dirty Love», equivaldría a «Willie the Pimp» en sus insinuaciones de rock-blues más árido y esa invitación, a través del amor sucio, a rendirse a las fantasías de los sueños.

Pero al igual que *Hot Rats*, *Over-nite Sensations* es un álbum muy equilibrado, un retorno parcial a los orígenes, con influencias del jazz-rock –no en vano participan activamente George Duke y Jean-Luc Ponty, cuyo violín eléctrico esta más en esa onda que el de Sugarcane Harris–, tras la experiencia orquestal de *The Grand Wazoo*.

Es un disco de canciones en el amplio sentido de la palabra –no hay ningún instrumental–, con menos experimentos sonoros y una corporeidad estilística brindada por una de las mejores formaciones que tuvo Zappa en esta época de cambios constantes: Ruth Underwood, Ponty, Duke, el batería Ralph Humphrey, Tom Fowler al bajo y la sección de vientos integrada por Bruce Fowler, Ian Underwood –que no toca en esta ocasión ningún teclado, dejando vía libre a Duke para sus efluvios con el sintetizador en cortes como «Fifty-Fifty»– y Sal Marquez.

La experiencia jazz-rock que galvanizaba diversas escenas musicales en aquellos primeros setenta queda patente en el citado «Fifty-Fifty»: al monólogo del sintetizador le sigue un solo de Ponty al violín y otro de Zappa a la guitarra que nada tiene que ver con los apuntes fronterizos que ejecuta con las seis cuerdas en «Camarillo Brillo». Pero las apariencias están para desmontarlas, porque la forma que tiene de cantar Ricky Lancelotti en «Fifty-Fifty» nada tiene que ver con la paisajística del jazz-rock. Ni en sus trabajos de apariencia más ortodoxa olvidaba Zappa socavar los cimientos de los géneros manejados.

«I'm the Slime» empieza con la sección de viento en estado de gracia proteínica, pero pronto se desliza hacia una cadencia arrastrada con la voz monótona de Zappa hasta que irrumpe el *wah wah* característico. Es el tema más político, o más politizado, del disco, una diatriba contundente contra la manipulación desde las altas esferas: «Soy asqueroso y pervertido / Estoy obsesionado y trastornado / He existido durante años / Pero muy poco ha cambiado / Soy la herramienta del Gobierno / Y también la de la industria / Porque estoy destinado a gobernar / Y controlarte a ti».

«Montana» sería el tema esperado por el sonido característico de la guitarra y los arreglos de la marimba y el vibráfono combinados con los juegos vocales, a los que se añade en la fiesta final otro cantante invitado, Kin Vassy, reforzando el jocoso estribillo que cierra la canción con un «Yippy-Ty-O-Ty-Ay».

En «Zomby Woof», la voz cenagosa de Lancelotti, combinada con la del propio Zappa, no tiene que desafiar melodía alguna, ya que la estructura del tema está en consonancia con la manera impulsiva de cantar y el solo de guitarra es clarividentemente *zappiano*.

Conviene un paréntesis con Rick Lancelotti, un compañero de viaje de The Mothers of Invention, aunque pudo haber formado parte activa del grupo. Según Zappa, era un vocalista con unas cualidades muy especiales. Recordaba que tenía una cinta en la que imitaba un centenar de voces de dibujos animados en solo sesenta segundos. Además de cantar, quería trabajar haciendo voces y efectos sonoros en los *cartoons*, y llegó a participar en uno de los programas de Hanna y Barbera de finales de los sesenta, *The Banana Splits*. Pasó una audición con Zappa y fue admitido en la banda, pero el mismo día se rompió un brazo y no pudo salir de gira. Aunque corta, su aportación como contrapunto vocal fue muy interesante en este disco. Murió prematuramente en 1980, a los treinta y cinco años.

Volvamos a «Camarillo Brillo». Un Zappa menos visceral desarrolla el tema de manera sosegada, con espaciados punteos por debajo de la melodía, pero lo que otorga verdadera personalidad a esta brillante canción es la progresiva y sigilosa entrada de los instrumentos de viento, siempre en un segundo plano, como si no quisieran incordiar, pero de una delicadeza sorprendente que culmina con unos arabescos de trompeta, saxo y trombón deliciosos mientras Zappa orienta el tema hacia la frontera mexicana y Duke juguetea con las teclas de su piano.

Aunque el habitual Cal Schenkel combina en uno de sus puzles en blanco y negro las fotos de los músicos y sus peculiares dibujos, la ilustración de la cubierta es obra de David B. McMacken, en sintonía con la estética de la época: de McMacken son también las portadas de *Friends* (1968) de Beach Boys, *Greatest Hits* (1975) de Cat Stevens, *Black Market* (1976) de Weather Report –la mejor de todas– y *Leftoverture* (1976) de Kansas. En 1971 ya había realizado la portada del disco con la banda sonora de *200 Motels* y diseñó el poster promocional de la película.

La censura española esparció sus tentáculos sobre el disco, como hizo también poco después hurtando la canción «Heroin» del *Rock'n'roll Aminal* (1974) de Lou Reed. El tema «Dinah-Moe Humm» fue substituido por «Eat That Question», perteneciente a *The Grand Wazoo*. Tan chapucera acostumbraba a ser la censura que en la hoja incluida en el álbum con las letras de las canciones aparece un espacio en blanco, ya que «Eat That Question» es un tema instrumental que, además, desentona en la estructura de canciones con que fue concebido el disco.

¿El motivo del cambio? «Dinah-Moe Humm», cantada por Zappa, Marquez y Vassy, habla del acto sexual, la lívido y el encuentro con una prostituta, y contiene frases como «Tengo un billete de cuarenta dólares que dice que no puedes hacer que me corra», «Pero supe de inmediato que se iba a correr de verdad» y «Me quité los calzoncillos y puse el pulgar tieso / Y apliqué la rotación en su ciruela de azúcar». Demasiado para los detentores de las buenas formas en los últimos tiempos de la dictadura franquista.

APOSTROPHE

(Frank Zappa, 1974)

No sé si es el disco más "agradable" de Zappa, pero *Apostrophe*, pese a su título, se acerca a esa sensación cada vez que lo escuchas. El apóstrofe, esa figura retórica consistente en interrumpir un discurso en un momento dado para dirigirse vehemente a otra persona. El apóstrofe, como sinónimo, no muy utilizado, de insulto. El apóstrofo, (´), que en castellano se usa más bien poco, no así en otras lenguas, especialmente el inglés, donde acostumbra a significar posesión: marca (´) utilizada en la escritura para indicar que se ha omitido una letra o un número, o antes o después de la 's' para indicar la posesión.

Quizá sería la única atribución del título del álbum a contracorriente de sus sonidos, la posesión, pues el disco no es ni un insulto ni un relato retórico, todo lo contrario. Llega a ser hasta plácido con leves excepciones. Ese piano eléctrico juguetón. Esa guitarra que se disloca lo justo y que a veces atraviesa terrenos de puro western. Esos xilofones traviesos y llenos de colorido. Esa sección de vientos muy poco impulsiva. Esos relatos nocturnos a media voz que podría

interpretar perfectamente un Tom Waits poco etílico de la primera época («Cosmik Debris»). Esas baladas a medio tiempo punteadas por un piano acústico y embellecidas por unos coros femeninos («Uncle Remus»). Ese blues paisajístico, impresionista («Stink-Foot») Esas canciones sobre la tundra del esquimal Nanook o el desayuno con panqueques.

Incluso cuando, al comenzar la primera canción, «Don't Eat the Yellow Snow», el sonido registrado de un viento ondulante e intenso nos hace presagiar una tormenta sonora, los músicos se sueltan con unos compases revoltosos que atenúan la furia y nos llevan de inmediato a la calma

En casi cada tema hay un punteo más largo o más breves de Zappa, el fino hilo que une todas las piezas entre sí pese a que en cada canción describe una sonoridad y pulsa una digitación diferente. Pura versatilidad partiendo de un mismo principio.

Y si, cierto, hay momentos un poco más viscerales, como el tema que da título al disco, una *jam session* de guitarra, bajo y batería ideada y ejecutada por Zappa con el musculoso y característico bajo de Jack Bruce, sostén rítmico de Cream, y la batería de Jim Gordon, solicitadísimo músico de sesión que baqueteó en el seminal *Pet Sounds* (1966) de The Beach Boys y formó parte con Eric Clapton de Derek and The Dominos.

Pero este es un álbum de canciones e historias musicadas para el placer de comer y bailar, como asegura Zappa en la nota interior, así que no es imaginación mía el tono amable, agradable, grato, entretenido, risueño y ameno que sugiere su escucha.

Lo secundó su cuadrilla de la época al completo, cuatro baterías (Gordon, Ralph Humphrey, Aynsley Dunbar y John Guerin), cuatro bahistas (Bruce, Tom Fowler, Erroneous y el mismo Zappa), dos violinistas (Sugarcane Harris y Jean-Luc Ponty), dos saxofonistas (Ian Underwood y Napoleon Murphy Brock), un trombonista (Bruce Fowler), un trompetista (Sal Marquez), una percusionista (Ruth Underwood) y un teclista (George Duke), más un heterogéneo grupo de vocalistas entre los que destacan Rubén Ladrón de Guevara, el líder de Ruben & The Jets, y Ray Collins. Toquemos sin ira y disfrutemos pudo ser la consigna dada por Zappa a sus músicos al empezar la grabación de cada canción.

ONE SIZE FITS ALL

(The Mothers of Invention, 1975)

Si no fuera por los intermitentes efluvios de jazz rock setentero que surgen de los sintetizadores de George Duke, teclista más afín a esta modalidad que Don Preston e Ian Underwood, *One Size Fits All* sería una de las obras más absolutamente *rockeras*, o de sonido más rock, de The Mothers.

El solo de guitarra de «Inca Roads» y el riff de «Can't Afford No Shoes» así lo atestiguan, lo que no quiere decir que el disco no contenga los clásicos desarro-

llos marcados por las marimbas y los xilofones ejerciendo de orquesta de percusión en miniatura, obra de Ruth Underwood; o las excursiones por un blues pantanoso como en los punteos de guitarra y el piano del comienzo de «Po-Jame People», uno de los temas liderados por la voz más narrativa que armoniosa de Zappa; o el contagioso *rhtyhm'n'blues* de «San Ber'dino», no en vano una de las dos piezas cantadas por Johnny Guitar Watson, quien también pone coros de aristas soul en «Andy», un tema que es pura negritud con sus desarrollos Funky compaginados por las armonías características de la guitarra y los devaneos del *wah wah*.

La evolución de Zappa hacia un sonido menos anguloso era ya una verdad absoluta. Hay espacio ilimitado para los juegos vocales, algo que era innegociable en él, pero, en general, en *One Size Fits All* prima el rock-blues y el jazz rock ejecutado primorosamente, pero con menos invenciones que antaño. En la citada «Po-Jama People», una vez pasada la incursión por los sonidos del Mississippi, Zappa se lanza a tumba abierta en uno de sus prolongados, nunca extenuantes, solos de guitarra que no tenían espacio ni sentido en las primeras obras de The Mothers, cuando el instrumento de seis cuerdas era aún un objeto para aprender y experimentar.

Los funambulismos con los instrumentos de viento son también menores. Zappa solo trabajaba entonces con un saxo tenor, el de Napoleon Murphy Brock, lejos, pues, de las intrincadas interrelaciones que habían ofrecido los bien compenetrados Gardner-Underwood-Motorhead. Los vientos adornan sin convertirse nunca en centro de atención: «Florentine Pogen» es un buen ejemplo, con Brock más interesado en cantar que en subrayar el inicio con el saxo.

Otra cosa tan innegociable como las armonías de las voces y las marimbas de Underwood, Ruth, era el bricolaje sonoro. Los motivos básicos de «Inca Road» pertenecen a las sesiones para grabar un especial televisivo en una cadena de Los Ángeles, pero el solo de guitarra está capturado y aislado de un concierto de 1974 en Helsinki.

Zappa estaba entonces tan interesado en redefinir el rock y escarbar en la música contemporánea como en coleccionar todos sus solos de guitarra y darles valor por sí mismos, extrayéndolos de una canción para mezclarlos en otra o separándolos de su contexto natural, el tema como concepto general y coral, para otorgarles vida privada al margen de ese tema del que formaba parte originalmente.

Ningún guitarrista ha hecho algo parecido, y con tanta determinación, en toda la historia del rock. En términos cinematográficos sería como aislar los primeros planos de una película y darles un sentido distinto, como una unidad desgajada del resto, cortando el cordón umbilical que los une con el resto del film.

En la presentación, Zappa escribe que «este disco fue producido entre diciembre de 1974 y abril de 1975 simultáneamente con nuestro siguiente álbum (próximamente). Me declaro listo para volver a la carretera». Ese siguiente disco sería *Bongo Fury*, que, aunque acreditado aún a The Mothers, no deja de ser un proyecto común de Zappa y Captain Beefheart. *One Size Fits All* significó, prematuramente o no, de forman asumida o por sorpresa, la última obra de The Mothers of Invention. Final de una época, aunque lo desarrollado por Zappa en el seno de esta extraordinaria, multifacética y transformista banda seguiría expandiéndose por el resto de su obra. Quizá todos entendieron, llegado ese punto, que, como cantó Neil Young, es mejor arder que apagarse lentamente, es mejor quemarse que oxidarse.

ZOOT ALLURES

(Frank Zappa, 1976)

Cerrada definitivamente la historia de The Mothers of Invention, Zappa propuso un disco más crudo, menos *jazz-rockero*. No abrió un abismo en relación con lo que había hecho hasta entonces, pero tampoco quiso suturar la posible herida causada por la disolución de la banda. A nivel de instrumentistas, *Zoot Allures* combina etapas distintas: Roy Estrada y Rubén Ladrón de Guevara haciendo voces por un lado y el baterista Terry Bozzio aportando una consistencia nueva por el otro, con Napoleon Murphy Brock y Ruth Underwood en el punto medio, como ecos de un pasado muy reciente.

Serían muchos los discos en los que Zappa conjuntaría distintos músicos buscando savia nueva, pero sin desdeñar lo que aún pudieran aportarle sus antiguos compinches. Sin embargo, algunas de estas presencias son residuales en *Zoot Allures* –con la excepción de Bozzio, colaborador fundamental a partir de ahora–, ya que el guitarrista asume también teclados, bajos y sintetizadores en aras del artista multi-instrumentista total.

Es un álbum más estructurado, con ese ritmo de saltimbanqui y arabescos de sintetizadores que marcan el tema «Ms. Pinky», el instrumental de aires exóticos que es «Friendly Little Finger» o las notas cimbreantes del bajo de «Zoot Allures» interpretadas por un músico invitado, el *jazzman* Dave Parlato, que giraría con Zappa en sus big bands y participaría puntualmente en otras grabaciones.

Dos temas destacan especialmente en este disco. Uno es «The Torture Never Stops», de ritmo pesado y monocorde delineado por Bozzio. Es un relato distanciado sobre la tortura y la represión en el que Zappa incrusta algunos de sus soliloquios de guitarra y los gemidos, que combinan dolor y placer, de una mujer (no acreditada, por cierto).

El asunto es muy serio, como refleja la letra ditirámbica de la canción, pero admite, por supuesto, la guasa: además de cantar y tocar en este tema la guitarra, el bajo y los teclados, Zappa se atribuye también, como hemos indicado anteriormente, las funciones de director de actividades recreativas cuando nos está contando una historia en la que una mazmorra, como un pecado, no requiere nada más que ser encerrado, y hay un lugar donde la tortura nunca se detiene, apesta muy mal, las moscas grandes y verdes zumban en el calabozo de la desesperación, los presos se mean encima, las paredes lloran gotas verdosas, el suelo está repleto de ratas, moco y vómito y la sangre baja por el desagüe.

El otro tema destacado, dentro de un conjunto muy homogéneo, conviene decirlo, es «Black Napkins», grabado en un concierto en Osaka en febrero de 1976. La pieza contiene un solo de guitarra eterno, pero nada fatigoso, que puede hacer pensar en el solo larguísimo y en progresión, sobre un entramado rítmico muy lento, de cadencia solitaria, de la sicodélica «Maggot Brain» de Funkadelic, epifanía a las seis cuerdas de uno de los grandes guitarristas semi-olvidados en la historia del rock, Eddie Hazel.

Y el tratamiento de la guitarra nos lleva a otra consideración relacionada con la banda de George Clinton, el doctor Funkenstein del rock-funk negro y ácido de los setenta. Las similitudes con Zappa son cuantiosas: provocación, escenografías teatrales, coros y armonías vocales heredadas/metamorfoseadas tanto del *rhythm'n'blues* como del *doo woop*, letras absurdas y con dobles interpretaciones, algo de groove eléctrico…

Zappa casi nunca lo citó como una de sus referencias dentro del amplio espectro de la música negra, quizás porque, como Jimi Hendrix, Sly and the Family Stone y, años después, los Living Colour de Vernon Reid, Funkadelic y, en menor medida Parliament, la otra banda de Clinton, hicieron rock (negro), y a él le impresionaron otras modalidades estilísticas de la *black music*.

Pero la relación está ahí, bien presente y definida, sobre todo en el uso de las voces, la comicidad permanente y el espectáculo sicotrónico. Bruce Lee, del sello y tienda de discos neoyorquina Downton Music Gallery, ha escrito refiriéndose al autor de obras mayúsculas como *Maggot Brain* (1972), *Cosmic Slop* (1973) y *One Nation Under a Groove* (1978) que «Clinton, como Zappa y Sun Ra, era un visionario que combinaba muchas ideas, géneros y teorías diferentes y mantenía a todo el mundo bailando, pensando y colgado de su música».

Podríamos aplicar esta buena definición a muchos trabajos de Zappa. Además, el bajista de Funkadelic, el ecléctico y disparatado Bootsy Collins, funkadelico con el bajo y vestido con ropajes chillones, chisteras y gafas con forma de estrella, no hubiera desentonado nada de nada militando en las filas de The Mothers of Invention.

STUDIO TAN

(Frank Zapa, 1978)

Nunca la música de Zappa se acercó tanto a la métrica musical de los dibujos animados, una de sus incontestables fuentes de inspiración, como en «The Adventures of Greggery Peccary», el tema de veinte minutos que ocupa una de las dos caras de *Studio Tan*, por supuesto en su versión en vinilo.

El estilo de narración, la textura de las voces y los efectos de sonido son propios de un *cartoon*, aún más teniendo en cuenta que el protagonista es un cerdito salvaje antropomórfico, el que da título a la canción, que tiene el cuello de piel blanca, lleva una corbata ancha reconocible –para él, todo un símbolo–, conduce un pequeño Volkswagen rojo, vive más o menos entre Texas y Paraguay y trabaja en el piso ochenta y tres de un edificio en el centro de la ciudad, donde se dedica a crear tendencias. La más sonada es el Calendario, una obra sobre el calendario gregoriano del papa Gregorio XIII. De ahí el nombre del personaje, inspirado también en el actor de Hollywood Gregory Peck.

Zappa desarrolló para Greggery Peccary una enrevesada y dislocada trama que él mismo narra de forma muy vehemente entre diálogos y partes instrumentales. La libertad estilística es total. Sin un patrón claro, la pieza se acerca estructuralmente a la música contemporánea, y a los característicos pasajes marcados por las percusiones de Ruth Underwood le siguen las disonancias de las cuerdas mientras las voces manipuladas y regrabadas nos van contando lo que le sucede al cerdito gregoriano. Todo orden e imagen preconcebida está para ser alterado, y el tema es un vaivén permanente, el placer del cambio constante.

La segunda parte del disco la ocupan tres temas más breves. «Let Me Take you to the Beach» es una divertida canción que, viniendo de otro músico, acabaría siendo una revienta pistas de baile en pleno verano: estribillos fáciles, coros duduá, mucha percusión, un bajo playero y jugueteo constante de los sintetizadores tocados en este tema por Eddie Jobson, entonces un niño prodigio de los teclados y el violín eléctrico que ya había formado parte de Curved Air y substituido a Brian Eno en Roxy Music. Paralelamente a su cometido en los grupos de Zappa, Jobson formó el supergrupo *prog rock* U. K. Aparece en la portada de *Zoot Allures*, aunque no participó en ninguno de los temas. Según la filosofía de Zappa, cuando se lanzaba un disco salían en las fotos los miembros que entonces formaban parte del grupo, hubieran tocado o no en ese disco en concreto.

Es en «REDUNZL» donde reaparece en toda su dimensión la guitarra más furiosa de Zappa, comprimida entre experimentos de música concreta y unos pasajes briosos de jazz blues conducidos por el piano de George Duke.

El mejor tema de esta segunda parte es «Revised Music for Guitar & Low Budget Orchestra», una pieza instrumental que también contiene efectos sonoros de *cartoon*, delicados pasajes con oboe, fagot y sección de cuerdas en forma de minuetos nocturnos, en la que la guitarra, de cadencias resonantes y sonidos más acústicos que eléctricos, dialoga con esa orquesta de bajo presupuesto.

Como no podía ser de otro modo, la historia de *Studio Tan*, y de los otros tres discos que Zappa hizo por contrato para Warner Bros en esa época, fue convulsa y está llena de contradicciones y zonas oscuras. Formaba parte de un proyecto que Warner rechazó, la edición en 1977 de una caja unitaria que contendría *Zappa in New York, Studio Tan, Sleep Dirt y Orchestral Favorites*, publicados después en 1978 y 1979. Llegaron a un principio de acuerdo que permitía a Zappa editarlo por su cuenta, pero Warner acabó pidiéndole los cuatro discos que por contrato le debía.

Todo esto coincidió con el litigio entre Zappa y Herb Cohen. Warner no cumplió su parte del contrato. Encargó la portada de *Studio Tan* a Gary Panter; su dibujo, que recuerda un poco al personaje del cómic de Tanino Liberatore *RanXerox*, no fue aprobado por Zappa, quien, sin embargo, encargó años después a este dibujante la ilustración de la cubierta de *The Man from Utopia* (1983). En plenas hostilidades entre discográfica y músico, Warner lanzó el disco sin incluir ningún tipo de créditos. Dadas, además, las características nada comerciales de *Studio Tan*, Warner se negó a pagarle. Los discos saldrían después individualmente, y el doble en directo *Zappa in New York* acabó distribuyéndolo Warner.

El proyecto planeado en 1977 se hizo realidad en 1996, cuando se editó, con el título colectivo originalmente previsto, *Läther*, un disco cuádruple con muchas variaciones en las mezclas y el orden de los temas de estos cuatro álbumes. En la versión en CD de *Studio Tan* aparecida en 1991 se incluyeron por fin los créditos (y entonces descubrimos que tocaron George Duke, Chester Thompson, Ruth Underwood, John Rotella, Eddie Jobson, Tom y Bruce Fowler, Mike Altschul, Max Bennett, Alan Estes, Paul Humphrey, Don Brewer y hasta veinte músicos más incluyendo un cuarteto de cuerda y una sección de trece vientos) y una nueva mezcla de «The Adventures of Greggery Peccary».

Por otro lado, *Zappa Wazoo* (2007), que recoge la primera actuación de Zappa tras su convalecencia, el 24 de septiembre de 1972, frente a una big band de veinte músicos tocando esencialmente temas de *The Grand Wazoo* y *Waka/Jawaka*, incluye una primera versión instrumental de este mismo tema. Distinta en todo, dura treinta y dos minutos y está dividida en cuatro movimientos: una lectura en todo caso complementaria de la incluida en *Studio Tan*, al estar eliminada la trama narrativa del cerdito Greggery, mucho más dinámica y con constante alternancia solista de los instrumentos de viento.

En cuanto a «Revised Music for Guitar & Low Budget Orchestra», algunos de sus pasajes están presentes en el «Music for Electric Violin and Low Budget Orchestra» del disco de *Jean-Luc Ponty King Kong: Jean-Luc Ponty Plays the Music ofr Frank Zappa*, aparecido en 1970.

Como siempre en Zappa, una sucesión de vasos comunicantes. Cualquiera de sus temas podía adquirir de repente rasgos incluso opuestos y aparecer en distintos discos con la forma original o bien aligerados, alargados, remezclados, reconstruidos, con diferentes ropajes instrumentales, en versión instrumental o cantada, con un teclado instrumento hurtado y una batería añadida. Las cintas de grabación y la mesa de mezclas como un elemento creativo más. Casi treinta años después de su muerte, la obra del guitarrista y compositor sigue siendo un eterno *work in progress.*

SHEIK YERBOUTI

(Frank Zappa, 1979)

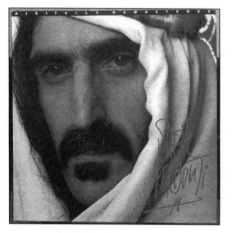

En la relación que uno mantiene con la obra de determinados músicos, siempre existen discos que igual carecen de la importancia histórica de otros, o significan menos en la propia evolución del autor, pero, pese a ello, resultan fundamentales porque, por ejemplo, son los que te lo han dado a conocer. La puerta de Zappa se abrió para mi con *Sheik Yerbouti*, y a partir de lo que este doble álbum propone empecé a echar la vista atrás para conocer lo que había hecho anteriormente en solitario o con The Mothers of Invention.

Zappa me interesó entonces por varias cosas aún ajenas a lo que me podía aportar su música. Una, por ejemplo, esa portada a lo Lawrence Arabia, muy estilizada, con Zappa ataviado de jeque árabe o guerrero del desierto y mirando desafiante a cámara mientras en la contraportada se fuma un cigarrillo sin quitarse el pañuelo blanco de la cabeza.

Otra sería la nómina de músicos que participan en el disco, con Terry Bozzio y Adrian Belew en primera fila. De Bozzio ya hemos hablado, y en poco tiempo se convirtió en uno de los (escasos) colaboradores indispensables para Zappa. Belew, influenciado también por Jimi Hendrix, empezó de hecho con Zappa, pero yo le conocí antes con los discos de David Bowie *Stage* (1978) y *Lodger* (1979). Fue Brian Eno quien lo vio tocar en directo con Zappa y le recomendó a Bowie que contara con él para la gira mundial de 1978 que estaba a punto de comenzar, Isolar Tour II. Después, la guitarra de Belew, combinada con la de Robert Fripp, sería fundamental en el renacimiento de King Crimson con *Discipline* (1981) y *Beat* (1982), en los que Belew, provisto de una voz muy peculiar, se convirtió también en cantante.

Asimismo, me llamó mucho la atención en el diseño del álbum la inmensa foto interior que captura en panorámico una mesa de mezclas con un vaso de plástico, un paquete de cigarrillos medio vacío y una mano encima de los botones. Después comprendí la importancia del trabajo en estudio en la obra de Zappa, pero aquella fotografía en concreto me fascinó: refleja muy bien la idea de crear a partir de la grabación, la mezcla y la edición. Ya lo habían hecho antes

Beatles, Phil Spector, Beach Boys y tantos otros grupos y productores, por supuesto, pero aquella foto de la mesa por la que toda la música se filtraba tenía algo de litúrgico.

Y una vez escuchado el disco y seguido los créditos, descubrí que en cada canción se especifica, además de quien es el cantante (Zappa, Bozzio, Belew, Patrick O'Hearn, Napoleon Murphy Brock, Tommy Mars y Davey Moire, en solitario, dúo, trío o cuarteto), el lugar en la que había sido grabada y si tenía o no *overdubs*, la tarea de superponer capas sobre lo ya registrado. En unas canciones se asegura que hay un montón. En otras que se han hecho algunos. En otras, bastantes. Solo no hay en un tema y en otro se especifica que se ha añadido un *feedback* de guitarra.

Es decir, el *overdubbing* tenía para Zappa el mismo rango que la voz o un instrumento. Lo aprendí entonces y luego, quizás, entendí mejor algunas de las propuestas del autor.

Al fijarme en los lugares de grabación, todo parecía más o menos correcto: la mayoría de los temas registrados en vivo en el Odeon Hammersmith de Londres y el Palladium de Nueva York y dos en el Deutschland Halle berlinés. Me pareció curioso que una canción, la furibunda «I'm So Cute», se hubiera grabado durante la prueba de sonido.

De repente me di cuenta de que lo recogido en los locales citados era el *basic track* de cada tema, la base, solo eso. Y empecé a entenderlo todo, o al menos un poco mejor, cuando me fijé en los créditos de «Yo' Mama», un largo tema que empieza como un corte *soul*, con voces infantiles de fondo, y deriva rápidamente hacia un prolongado flirteo de guitarra. La pista básica de voces y la parte central del solo de guitarra fueron capturados en el Odeon Hammersmith, y el resto del solo pertenece a una grabación de cuatro pistas hecha en una pequeña ciudad cerca de Nuremberg de la que Zappa no recordaba el nombre. La batería, el bajo y los teclados llegarían después.

Sheik Yerbouti es un disco en directo, pero, al mismo tiempo, no es un disco en directo. Por eso está en este capítulo y no en el dedicado a los álbumes *live*. Zappa nos enseñó que la homogeneidad puede llegar a partir de la suma de partes completamente distintas. Como un Frankenstein, pero bien hecho, armonizado. De ahí la importancia de la foto interior de la mesa de mezclas. Un recordatorio, por si se nos había pasado por alto. Zappa fue un gran guitarrista, pero pocas veces se fotografió en sus discos con una guitarra.

Además, otra de las ventajas de algunos discos en directo de Zappa es que presentaban temario nuevo. Para escuchar en vivo sus 'grandes éxitos' ya existen álbumes de selección algo más clásica.

Grabada de forma mutante, «Yo' Mama» muestra el dominio vertiginoso de Zappa con las seis cuerdas. Pero no es la mejor pieza del disco ni la más socarrona con sus estrofas de «Nunca deberías fumar en pijama / Podrías provocar un incendio y quemarte la cara».

Para eso ya están «Broken Hearts Are for Assholes»: «¡Oye! ¿Sabes lo que eres? / ¡Eres un idiota! ¡Un gilipollas!».

Y, sobre todo, «Bobby Brown», canción de líneas rítmicas *funky*, líneas melódicas resultonas y líneas argumentales afiladas, cínica y crítica, pero también discutible si se toma completamente en serio y no se intenta atisbar el desencanto general de Zappa con muchos aspectos de la sociedad. Cuando tiraba con bala, recibía todo el mundo, aunque corriera el peligro de ser tildado de sexista y homófobo:

«Hola a todos, soy Bobby Brown / Dicen que soy uno de los más guapos de la ciudad / Tengo un coche muy rápido, me brillan los dientes / Y todas las tías se me rifan para besarme el culo / Estoy en una escuela famosa / Me visto a la moda / Y moló mogollón / Una animadora me quiere ayudar con mis deberes / Dejaré que los haga y puede que después la viole / Oh, Dios, soy el sueño americano / Y desde luego, no soy nada extremo / Soy un cabroncete simpático / Conseguiré un buen trabajo y seré muy rico».

El relato sigue con referencias a los movimientos de liberación femeninos, los homosexuales, el machismo, los consoladores, las auto-felaciones y la vaselina, así que la polémica estaba servida. La canción no fue emitida en ninguna radio estadounidense. «Bobby Brown» parece un ensayo de *Thing-Fish* (1984), el triple elepé que en realidad debería haber sido un musical de Broadway –así lo ideó originalmente– protagonizado por un príncipe racista y crítico teatral (encarnado por Napoleon Murphy Brock) que tiene a su cargo una cohorte de zombis, y centrado, entre otros temas, en el Sida, la homosexualidad, el racismo, la eugenesia y el feminismo. Cuando estaba inspirado, Zappa era insaciable: el príncipe del mal tiene la intención de aniquilar a todos los gais y afroamericanos del mundo mediante la creación y propagación selectivas de un virus letal. La obra acabó representándose muchos años después, en 2003, en el Battersea Arts Centre de Londres, con dirección del alemán Wolf Rahlfs.

Por otro lado, *Sheik Yerbouti* es un disco furioso, epidérmico, con temas muy punk en un momento en que el efecto del movimiento punk disminuía. «I'm So Cute» está cantada por un Bozzio espasmódico y tiene un riff de guitarra endemoniado y una parte final de batería tan rápida como en un tema de *trash metal*, aunque el estribillo tan pop –«A-ren-nen-nen-ah-ren-nen-nen-A-ren-nen-nenuh-rennda»– rebaja un poco los ánimos. Lo mismo podríamos decir de «Broken Hearts Are for Assholes»: cuando canta Bozzio, parece que el mundo se acaba.

Zappa se inventa su particular noción del tango en el instrumental «Sheik Yerbouti Tango», otro solo de guitarra que se extiende hasta el más allá, y sigue en plena forma con un *soul* sensual adaptado a sus estructuras vocales en «I Have Been in You», al parecer una parodia del tema superventas de Peter Frampton «I'm in You», como «Dancin' Fool» supone una desternillante caricatura de la música de discoteca que, paradójicamente, triunfo en las pistas de baile. Su compenetración con la guitarra rítmica de Belew es total, e incluso en las combinaciones de ambos como cantantes: en «Flakes», Belew le replica imitando muy bien la manera de cantar de Bob Dylan, antes de embarcarse toda la banda en un crescendo general coronado con la alarmante frase, repetida una decena de veces, de que «Vamos a por ti».

En cuanto a la industria, Zappa había llegado a un pacto tácito. Producía y financiaba sus discos, pero un buen acuerdo con CBS le permitía una mejor distribución. Tras la negativa experiencia con Warner, CBS le facilitó un poco las cosas. Y *Sheik Yerbouti* se convirtió en uno de sus trabajos más populares, el más vendido de sus discos, lo que, en su caso, siempre le permitía afrontar con mayores garantías el siguiente paso, que podía ser un salto sin red.

JOE'S GARAGE ACT I / JOE'S GARAGE ACTS II & III

(Frank Zappa, 1979)

Y ese fue el caso de la ópera rock *Joe's Garage*, un disco no muy fácil de asimilar, enmarcado en un género que solo funciona a través del gran oropel: *Tommy, Jesucristo Superstar, Quadrophenia, The Wall.*

Precisamente la de Pink Floyd comparte año con la de Zappa. La obra se realizó entre abril y junio de 1979 y en septiembre ya estaba en la calle el disco con el primer acto, y en noviembre apareció un doble vinilo con los actos dos y tres. En 1987 se agruparon los tres actos en una caja triple.

Ambiciosa, discursiva por momentos, centrada en un argumento bastante concreto, pero siempre inclinada hacia la experimentación, ya sea genérica, con temas que oscilan entre funk, rock, pop, reggae y *rhythm'n'blues*, y de montaje:

la mayor parte de las partes de guitarra de los tres discos están extraídas de otras grabaciones.

Ike Willis le pone voz a Joe, un joven guitarrista que ensaya en el garaje de sus padres con su Stratocaster y toca siempre la misma canción. El personaje sir-

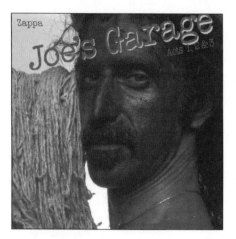

ve para divertidas y agrias consideraciones en torno a la vida artística y el conformismo social. Nada nuevo en el temario del autor, pero articulado aquí con mayor profundidad sin desdeñar el proverbial sarcasmo.

Zappa asume diversos personajes, entre ellos el del narrador, llamado Central Scrutinizer, lo que le permite continuar siendo el demiurgo de todas las funciones, un papel en el que siempre se sintió cómodo ya que asumía la tercera persona, tan distanciada como incisiva al evaluar los actos de los personajes del drama. En los actos dos y tres encarna también al productor de Joe, y el nombre no puede ser casual: L. Ron Hoover, con reminiscencias de J. Edgar Hoover, fundador del FBI y exacerbado anticomunista.

La vida musical del protagonista le permite volver sobre viejos temas, como el de las *groupies*.

Zappa contó con una de las formaciones más estables de aquellos años de cierta bonanza, la integrada por Willis, Bozzio –que solo interpreta a uno de los personajes y deja las labores percusivas a Vinnie Colaiuta y Ed Mann–, su esposa Dale Bozzio –quien da vida a Mary, la antigua novia de Joe convertida en ninfómana–, Warren Cucurullo y el hijo pródigo Denny Valley a las guitarras rítmica y *slide*, los teclistas Peter Wolf y Tommy Mars y los bajistas Arthur Barrow y Patrick O'Hearn. Lástima que Adrian Belew se embarcara en la larga gira con David Bowie y Napoleon Murphy Brock no estuviera disponible.

No resultaba un combo tan inquieto como The Mothers of Invention en su primera época, ni posiblemente fueran tan buenos músicos como los Mothers de los setenta, pero tanto en giras como en grabaciones de estudio, esta banda le proporcionó a Zappa la profesionalidad y flexibilidad que necesitaba.

El disco tuvo un éxito similar al de *Sheik Yerbouti*, así que CBS no podía quejarse de su contratación., aunque unos años después la relación acabó tan mal como siempre pasa entre ejecutivos discográficos y artistas independientes. No es extraño el éxito de la ópera rock en el garaje de Joe, pues los tres actos poseen hits potenciales de mucho calibre: «Catholic Girls» (acto 1, escena 3), con sus coros sarcásticos, sus referencias a los propios músicos del disco y su contagioso entramado rítmico; la brillante «Lucille Has Messed my Mind Up» (acto 1, escena 8), en la que Willis canta con poderosa voz *soul-blues* sobre un riff jamaicano; «Stick It Out» (acto 2, escena 2), una locura irrefrenable de canción disco, y «A Little Green Rosetta» (acto 3, epílogo), una canción de letra absurda, pero que funciona como inmejorable fin de fiesta con todos los personajes reunidos para la ocasión en jocosa melodía que se niega a desaparecer.

Y Zappa rinde homenaje en este epílogo a sus músicos a través de un juego de espejos con los del propio Joe: «Son muy buenos músicos / Son muy buenos músicos / Son muy buenos músicos / Son muy buenos músicos / Pero yo no hago ninguna diferencia / Si son buenos músicos / Porque a cualquiera que compre este disco / No le importa un carajo que tenga buenos músicos / Porque esta es una canción estúpida / Y así es como me gusta que sea».

CIVILIZATION PHAZE III

(Frank Zappa, 1994)

Civilization Phaze III no es un disco esencial en la discografía de Zappa, pero concluimos el capítulo con este álbum doble porque fue la última obra que completó antes de su muerte, publicada a finales de 1994 por Gail Zappa.

Definida por el propio autor como una pantomima operística, lo que viniendo de él puede ser tanto un chiste como una descripción genérica de lo más acertada, vuelve a demostrar su imaginación en la mesa de mezclas, ya que revive, de entre los muertos, de entre las muchas cintas analógicas guardadas en su archivo, las conversaciones grabadas en 1967 en los Apostolic Studios de Nueva York y utilizadas total o parciamente en *Lumpy Gravy, We'Re Only in It for the Money y Uncle Meat*.

A través del montaje, Zappa estableció una suerte de discusión entra aquellas voces registradas para unos fines concretos y las grabadas en 1991 expresamente para crear *Civilization Phaze III*, una obra ambiciosa pero al mismo tiempo limitada, en la que a pesar de contar en buena parte de sus temas con el Ensemble Modern con el que registraría una pieza mucho más conseguida, *The Yellow Shark* (1993), abusa demasiado del sonido sintetizado del Synclavier –que captura algunas fases de la interpretación del Ensemble y la pasa por el filtro electrónico–, algo que ya había lastrado algunos de sus experimentos anteriores, caso del disco *Jazz in Hell* (1986), compuesto y elaborado a partir del descubrimiento de esta mezcla de teclado electrónico y sampler.

Repetitivo y algo agotador, pero fiel al ideario en el que tanto creía Zappa en la recta final de su vida, *Civilization Phaze III* es interesante por la conexión directa que establece con aquellas sesiones de 1967 catalogadas por él mismo de Nothing Commercial Potential, definición que daría título a uno de los muchos recopilatorios de su obra, *No Commercial Potential* (1995), una edición de Rykodisc que incluye, como chiste privado de quien decidiera este título o para descredito del mismo, temas bien reconocibles como «Peaches En Regalia» y «Camarillo Brillo», y tan exitosos como «Valley Girl».

Obsesionado por la producción de sonido como si se tratara de un instrumento clásico más, Zappa colocó un par de micrófonos dentro del piano de cola que había en el estudio donde estaba grabando *Lumpy Gravy*. Los cubrió con una cortina, situó una bolsa llena de arena encima del pedal y empezó a invitar a músicos y gente del barrio a que pusieran la cabeza dentro del piano y «divagaran incoherentemente sobre diversos temas que yo les sugería a través del sistema de grabación del estudio».

Realizó este experimento durante varios días y utilizó buena parte de las conversaciones a modo de su peculiar interpretación del *spoken word en Lumpy Gravy*, especialmente, ya que en los otros discos montó los cortes de voz de manera distinta y ensamblada con los ritmos y melodías.

El restó lo guardó para futuras aventuras sonoras según esa idea, que mantuvo hasta el final de sus días, en la que nada de lo que hiciera y grabara en un estudio era desechable, aunque no acabara formando parte del disco registrado para la ocasión. Cualquier corte de sonido, solo de guitarra, interludio vocal, línea equivocada de bajo o batería a destiempo podía servir semanas, meses o años después para otra canción.

En la captura de los comentarios de los que pasaban por el estudio no era tanto lo que decían, siendo importante, como la obtención de lo que definiría como resonancia pancromática. Las voces, siempre, tuvieron una cualidad propia, como elemento sonoro, en su forma de entender la composición musical, incluso cuando la melodía se imponía a la seca y distante narrativa dialogada.

Entre lo viejo y lo nuevo se sitúa finalmente esta obra, lo que no deja de tener mucho sentido sin la entendemos como una pieza testamentaria: recurrir a grabaciones de antaño para colocarlas frente a frente con grabaciones actuales. ¿Qué mejor manera de cerrar una carrera?

De este modo, la surrealista historia de un grupo de personas que viven dentro de un piano de cola, amenazadas por todo lo que ocurre en el exterior, incluidos los nacionalismos y el aislamiento, está relatada a partir de las voces capturadas junto al piano en 1967, las de Motorhead Sherwood –que durante años se apuntó a todo lo que Zappa le ofreciera–, Roy Estrada, James *Spider* Barbour –líder del grupo Chrysalis–, la recepcio-nista y el encargado del estudio y otros conocidos de la época, y las registradas en 1991: Moon Unit y Dweezil Zappa, el actor Michael Rappaport, Ali. N. Askin –colaborador en el proyecto de *The Yellow Shark*–, Todd Yvega –su asistente en el manejo de la computadora– y el recuperado Walt Fowler.

Dos años antes de desaparecer para siem-pre, Zappa unió parte de su pasado y parte de su presente.

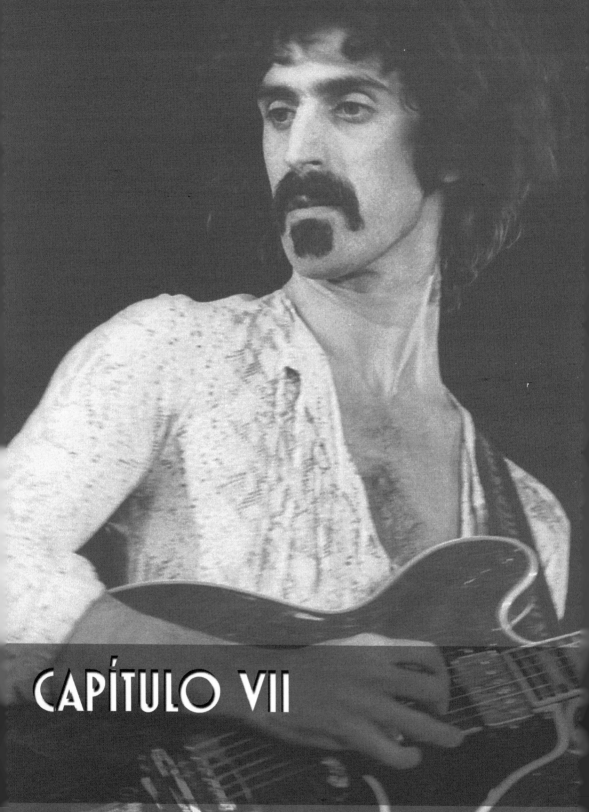

CAPÍTULO VII

ZAPPA LIVE

VII. ZAPPA LIVE

N o es en absoluto una contradicción, aunque pueda parecerlo: Zappa se expresaba igual de bien en el estudio de grabación, donde tocaba y retocaba las mezclas originales hasta obtener lo que deseaba, como en los conciertos. E hizo muchos, giras americanas, europeas y mundiales, actuaciones con The Mothers

of Invention y liderando sus otras bandas o dirigiendo orquestas de cámara. El escenario era su hábitat natural del mismo modo que lo era el estudio. Podía improvisar largas *jam sessions* con público o sin él. Había algo de bulímico en su obsesión por grabarlo y archivarlo todo. Poseer toda la música que hacía y tenerla allí, siempre a mano, para reproducirla tal cual o montarla según las ideas y el estado de ánimo de cada momento. Publicar muchos *live*, y siempre dobles o triples, casi nunca un solo disco. Uno era muy poco espacio para Zappa.

Pero las diferencias son evidentes: temas menos pulidos, en crudo y en bruto, porque no en todos los discos en directo practicó después la técnica del *overdub*. Hay algunos que son la captura instantánea, sin aditivos, de lo que pasó en el escenario, en perfecta comunión con sus músicos y con los espectadores. Hemos escogido aquí algunos de muy significativos por distintas razones.

Pero antes, un repaso a las actuaciones de Zappa en España.

VARIAS PARADAS EN EL CAMINO: DE GIRA POR ESPAÑA

A quí tocó en nueve ocasiones. La primera fue el 4 de octubre de 1974 con The Mothers of Invention, en el Nuevo Pabellón del Club Juventud de Badalona, en la efervescencia inicial, aún con la dictadura, de los conciertos rock de músicos más o menos relacionados con la progresía. En la misma época pasaron por Madrid, Barcelona o los míticos palacios deportivos de Badalona y Granollers grupos como King Crimson, Can y Traffic, generalmente bajo la organización de Gay Mercader.

Las entradas en general costaban 325 pesetas. Otros tiempos, aunque el irreverente Zappa seguía siendo el mismo: ante la sorpresa de todo el mundo congregado a la salida del aeropuerto de Barcelona, prefirió colocarse dentro del portaequipajes, hacinado entre las maletas, que sentarse en el interior del coche que vino a recogerlo para trasladarlo al hotel. Más tarde, en los alrededores del pabellón, hubo las habituales cargas policiales de la época antes de empezar el concierto.

Dos años después, en marzo de 1976, se anunciaron nuevos conciertos de Zappa en Badalona y Bilbao, pero el músico los canceló pocos días antes de concluir sus actuaciones en Italia. Lo justificó por el inicio de huelga de transportistas.

En marzo de 1979 giró por Barcelona y Madrid presentando *Sheik Yerbouti* en uno de sus mejores momentos en directo. Eran los tiempos en los que a Zappa

le preguntaban si representaba a la contracultura estadounidense, y él, muy sagaz, muy inteligente, respondía que es imposible que exista contracultura en un país donde no hay cultura.

El 19 de septiembre de 1984 volvió a Barcelona, al antiguo Palacio de los Deportes, en la gira cuyos carteles promocionales mostraban la imagen de Zappa con bata y guantes de boxeador y recuperaba en escena temas tan icónicos como «Chunga's Revenge» y «Sharleena».

Un día después tocó en el Polideportivo Anoeta de San Sebastián; aunque estaba anunciado en el Velódromo, se cambió de escenario al haberse vendido menos entradas de las esperadas. El repertorio resultó considerablemente distinto respecto al del día anterior. Aquí recuperó «Zoot Allures», «Carolina Hard-Core Ecstay» –de su disco con Captain Beefheart– y «Camarillo Brillo». El tema estrella en aquellos directos seguía siendo «Bobby Brown», interpretado los dos días.

En la actuación barcelonesa acabó encasquetándose una barretina catalana. No hay fotos en que se le vea con una txapela vasca en la donostiarra.

En 1988 actúo en Bilbao, Madrid, Sevilla y Barcelona, y el concierto que cerró aquella gira, celebrado en Palacio de los Deportes barcelonés el 17 de mayo de 1988, fue retransmitido en directo por TVE, lo que suponía todo un acontecimiento. Era una gira que había generado una considerable expectación ya que, en los anteriores conciertos estadounidenses, Zappa pedía al público femenino que se desprendiera de la ropa interior. Aquí fue más comedido. Tocó tanto la guitarra como dirigió al grupo, casi una orquesta con una nutrida sección de vientos y Ike Willis llevando la voz cantante.

La inflación se notaba. La entrada valía 1.500 pesetas, aunque en Madrid costó solo 500 al encuadrarse dentro de los festejos de San Isidro. Zappa seguía sin casarse con nadie. Aquellas cuatro actuaciones comenzaron con la compleja segunda parte de «The Black Page», en la que cristalizaban los nuevos experimentos con melodía y armonía que practicaba entonces, con unos arreglos destinados a conectar con audiencias algo más amplias. En estos conciertos ya realizaba originales incursiones en la sintonía de la serie *Bonanza* (1959-1973) y fragmentos del «Bolero» de Maurice Ravel.

Una de las características habituales de sus actuaciones consistía en los largos preámbulos que ofrecía antes de cada canción, explicando anécdotas relacionadas con la misma o situaciones que había vivido recientemente. Un motivo recurrente de sus relatos en la gira española de 1988 fue que no pudo volar de Bilbao a Madrid porque la compañía aérea, Iberia, había vendido más pasajes de la cuenta, por lo que hizo el viaje en coche y empezó el concierto, el 14 de mayo en el Auditorio de la Casa de Campo, en plenas fiestas de San Isidro, muy cansado. Al terminar cada tema, decía «como Iberia».

Fueron sus últimos recitales españoles. Hubo después un ambicioso proyecto que Zappa expuso a los responsables de la Exposición de Sevilla de 1992, el de organizar un concierto con cien instrumentistas de distintos países para interpretar piezas representativas de estilos musicales de todo el mundo. Quería llamarla la Orquesta del Mundo.

Pasó unos días en la ciudad andaluza en febrero de 1989, visitó los locales donde se interpretaba el flamenco más puro, improvisó algunos temas con guitarra española y compartió charlas y vinos con gente como Javier García Pelayo, Gualberto y Lole y Manuel.

Pero el proyecto, que también fue expuesto al alcalde de Madrid, Juan Barranco, lamentablemente no cuajó. En las webs El 3er Poder (de Globalia.net) y Agente Provocador se cuenta pormenorizadamente ese encuentro en el local llamado La Carbonería, y como Zappa dijo que no entendía el flamenco, pero le interesaba mucho sus posibilidades al mezclarlo con el jazz o el rock. No sabemos si había escuchado *La leyenda del tiempo*, la influyente obra de Camarón de la Isla publicada en 1979 que fusionó admirablemente los tres géneros, flamenco, jazz y rock.

En el verano de 1993, la Orquesta de Cambra del Teatre Lliure de Barcelona anunció para su temporada 93-94 la interpretación de una pieza de Zappa compuesta expresamente para ellos, cuyo título previsto era el de «Fantasía Mediterránea». Fallecido en diciembre de aquel año, no llegó a escribir más que unos esbozos de lo que habría sido la composición. La Orquesta de Cambra del Lliure le rindió homenaje interpretando algunos de sus temas clásicos a finales de 1997.

◊ **Fillmore East-June 1971** · (The Mothers, 1971)
◊ **Roxy & Elsewhere** · (Zappa/Mothers, 1974)
◊ **Zappa in New York** · (Frank Zappa, 1978)
◊ **You Can't Do That on Stage Anymore Vol.1-6** · (Frank Zappa, 1988-1992)
◊ **Broadway the Hard Way** · (Frank Zappa, 1988)
◊ **The Best Band You Never Heard in Your Life** · (Frank Zappa, 1991)
◊ **Make a Jazz Noise** · (Frank Zappa, 1991)
◊ **Zappa'88: The Last U.S. Show** · (Frank Zappa, 2021)

Fillmore East, June 1971 pertenece a la etapa vodevil de The Mothers, así que un disco que reproduce las canciones allí escenificadas, aun siendo bueno, resulta algo insatisfactorio, o parcial, porque las actuaciones de aquel periodo, semanas antes de que se sucedieran un cúmulo de desgracias que acabaron con la aventura –los desastres en los conciertos de Montreux y del Rainbow Theatre londinense–, contenía toda una serie de chistes, gags físicos, enfrentamientos y actitudes corporales que el vinilo o el compacto nunca podrán reproducir.

Un buen ejemplo de esto es escuchar «Do You Like my New Car?», en esencia una discusión, acompañada tenuemente por piano, bajo y batería, oyendo solo

las palabras –y las risas de los espectadores– sin ver a los músicos actuar, esce-
nificar ese relato sobre el escenario, hasta que la guitarra eléctrica y el resto de
instrumentos irrumpen de manera brusca y colérica.

Conducido-dialogado por Zappa, Mark Volman y Howard Kaylan, con instrumentación algo más minimalista en comparación con buena parte de los discos
en directo de Zappa sin The Mothers, *Fillmore East, June* 1971 destaca especialmente por el subversivo sentido del humor que transmiten los diálogos y la
interpretación de algunos temas.

«The Mud Shark» es música negra total, «Tears Began to Fall» invoca por ené-
sima vez el cruce vocal entre pop surf y *doo woop*, «Lonesome Electric Turkey»
fluye con los mesmerizantes arabescos del mini-moog de Don Preston y «Willie
the Pimp» es ejecutada de manera muy *sui generis*, al revés de la lectura aún más
pop de «Happy Together».

En este ejercicio de cabaret eléctrico, sorprende, y destaca, la versión de
«Peaches En Regalia», muy jaleada por el público cuando suenan las primeras notas. Esta traslación aparece sostenida por el teclado eléctrico de Ian Underwood ejecutando la característica melodía junto a los irrespetuosos coros de
Volman-Kaylan reproduciendo y exagerando las mismas notas: un clásico del
repertorio *zappiano* enaltecido a la vez que desacralizado.

La diversión socarrona no escondía la urgencia política: en la hoja interior,
firmando con sus iniciales, Zappa recuerda a la gente que no se olvide de regis-
trarse para votar. 1971, había que combatir a Richard Nixon.

En 1992 apareció *Playground Psychotics*, un complemento extendido de *Fillmore East, June* 1971 que recoge otras actuaciones de The Mothers durante
todo el año 1971 y conversaciones entre los miembros de la banda.

The Mothers estaban a punto de romper-
se definitivamente cuando apareció *Roxy &
Elsewhere*, crónica de otros buenos conciertos, con repertorio y banda más o menos
coincidente con aquella primera actuación
española en Badalona. A tenor de la fotografía de la cubierta, con gente desmelenada en
el escenario, una chica con bikini y otra arro-
dillada al lado de Zappa extendiendo la mano
hacia el público –aunque, debido a la oscuri-
dad de la instantánea, la primera impresión
es que le están tocando los genitales–, tuvieron mucho de *happening*.

Las grabaciones pertenecen a los conciertos del 10, 11 y 12 de diciembre de 1973 en la sala Roxy, en Hollywood, con fragmentos añadidos, y homogenizados en el trabajo de estudio, de una actuación celebrada en Chicago el día de la madre de 1974, registrada en cinta de cuatro pistas, y otra que el mismo Zappa define como una extravagancia de gimnasio, realizada en un colegio mayor de una ciudad de Pensilvania.

El jazz, o la redefinición del jazz, o aquella idea expresada varias veces a lo largo de su carrera de que el jazz nunca muere y es divertido, palpita por las estrías de este disco doble, sobre todo cuando llega a su conclusión con «Be Bop Tango», subtitulado «Of the Old Jazzmen's Church».

En la introducción, Zappa asegura que el tango no es un género muy popular, pero él se encarga de darle la vuelta llevándolo a una extraña colisión improvisada con una base muy moldeable de *be bop*. Fue una buena época, y una gran formación, con Ruth Underwood, George Duke, Don Preston, Jeff Simmons, Napoleon Murphy Brock, los tres hermanos Fowler y los dos baterías Chester Thompson y Ralph Humphrey. Un supergrupo sin ningún ánimo de serlo.

Zappa in New York es extraordinario por los nuevos timbres sonoros que proporciona a los temas de Zappa. A los habituales Ray White, Terry Bozzio, Patrick O'Hearn, Ruth Underwood y Eddie Jobson, se agregó en los conciertos

que realizó en Nueva York en 1976 –tres shows durante Halloween y cuatro más en la semana entre Navidad y Año Nuevo– una espectacular sección de viento formada por Randy Brecker (trompeta), Michael Brecker (saxo tenor y flauta), Tom Malone (trombón, trompeta y flautín), Lou Marini (saxo alto y flauta) y Ronnie Cuber (saxo barítono y clarinete), reverdeciendo, pero en un estilo más *rhythm'n'blues-soul-jazz* (Malone y Marini tocarían poco después en los Blues Brothers de John Belushi y Dan Aykroyd), las poderosas cabalgas de los instrumentos de viento en la segunda época de The Mothers con Bunk Gardner, Ian Underwood y Motorhead Sherwood.

Las nuevas organizaciones rítmicas y melódicas que esta banda le ofrecía se notan especialmente en la poli-rítmica «The Black Page #2», re-orquestación y modificación del famoso tema concebido para batería y percusión. La banda interpreta con espíritu jocoso cortes como «Big Leg Emma» y «Titties & Beer», pero lo mejor llega al final, con otro de esos largos, cambiantes, complejos y versátiles temas en los que Zappa revisa múltiples facetas de su obra, «The Purple Lagoon», con inicio de música concreta y posteriores pasajes solistas en plena libertad jazzística; especialmente logrado es el de Mike Brecker al saxo tenor, en clara oposición al sonido reprocesado del más breve solo de Cuber al barítono, y el enigmático y mutante solo de trompeta modificada a cargo de Randy Brecker, una especie de jazz de ciencia ficción que Zappa define acertadamente en las notas interiores como «el misterio y la grandeza hechizantes insinuados por la biónica trompeta modificada».

«The Purple Lagoon» es una reescritura-ampliación de una de las piezas que Zappa tocó en el *Saturday Night Live* el 11 de diciembre de 1976, en la primera de sus dos comparecencias en el programa. En este caso apareció como el invitado musical –la anfitriona fue la actriz Candice Bergen–, mientras que en el del 21 de octubre de dos años después ya adquirió el rango de *host*, como hemos relatado en el capítulo 5.

Después, como casi siempre –era una fijación–, en *Zappa in New York* se añadieron diversas percusiones grabadas en estudio por Underwood, Ed Mann y John Bergamo, pero el álbum es un documento muy puro de la energía, sonido y complicidad con el público que conseguía, por lo general, en sus actuaciones.

En 1991 rizó el rizo poniéndole a otro de sus dobles en directo el título de *The Best Band You Never Heard in Your Life*. Igual no era la mejor banda con la que tocó, correspondiente a las giras de 1987 y 1988, aunque aún estaban entre sus filas los hermanos Fowler, Ed Mann, Ike Willis y Chad Wackerman, pero era un excelente y compenetrado colectivo de músicos. ¿Colaboradores de quita y pon? Nunca. A pesar de su desprecio congénito, Zappa sabía con quién podía contar y con quien no.

La sección de vientos es casi completamente nueva, con Paul Carman, Albert Wing y Kurt McGettrick a los saxos alto, tenor y barítono, respectivamente, más el trombón de Bruce y la trompeta de Walt, los dos Fowler. Pero quien diseña, dirige, arregla y coordina es Zappa!, así que, pese al cambio de instrumentistas, todo sigue sonando igual, con ligeros matices. Esto es lo bueno de estos discos, los matices nuevos que implican siempre, variaciones sobre variaciones de unos mismos temas o, directamente, la presentación de nuevos hallazgos.

Pero hay otro factor que hace de *The Best Band You Never Heard in Your Life* un excelente disco en directo, o disco simplemente. En él se concentran más que en cualquier otro las referencias, en forma de versiones de temas ajenos que amaba o tan solo le apetecía tocar, como guiño, diversión, homenaje o parodia. La lista es impresionante, ya que nos devuelve la imagen de un Zappa devorador de canciones, sonidos y estilos dispares. Y también funciona muy bien como ideario único: a pesar de estar compuesto por tomas capturadas en conciertos durante dos años distintos, la sensación es que se trata de una única actuación. Ese es el milagro de las ediciones que realizaba.

Junto a temas de cosecha propia como «Zomby Woof», «Zoot Allures», «The Torture Never Stops», «The Eric Dolphy Memorial Barbecue», «Mr. Green Genes» o «Inca Roads», Zappa y su energética banda se sueltan con aproximaciones iconoclastas al «Purple Haze» de Jimi Hendrix, con el riff de guitarra del zurdo de Seattle suplido por los vientos; «Sunshine of Your Love» de Cream en modo bastante clásico; un «Ring of Fire» de Johnny Cash que nos lleva de los paisajes rurales de Estados Unidos a Jamaica; el tema principal de *El padrino* de Nino Rota sintetizado en exactamente treinta segundos, la sintonía de la televisiva serie de western familiar *Bonanza* en un segundo menos y «I Left My Heart in San Francisco», un estándar de los cincuenta popularizado por Tony Bennet, totalmente desfigurado en treinta y seis segundos.

Los momentos álgidos en cuanto a las *covers* llegan con un cadencioso «Bolero» de Ravel, en el que el clarinete de McGettrick y la marimba de Mann son escrupulosamente fieles a la pieza original del compositor francés, pero Zappa introduce por debajo un ritmo *toasting* que le va como un guante; y con la emblemática «Stairway to Heaven» de Led Zeppelin cantada por Willis, con ecos y reverberaciones vocales, la melodía mecida por los sintetizadores y los vientos, una rítmica en clave *reggae* y un solo de guitarra de Zappa que no pretende en ningún momento –también aquí hay respeto– ensombrecer al de Jimmy Paige en el original, y que arranca precedido por las notas de la guitarra original interpretadas por los saxos y el trombón de manera, sinceramente, fantástica. Otra interpretación personal en toda regla.

No contento con tener casi tantos discos en directo como es estudio, Zappa sacó a partir de 1988 la serie *You Can't Do That on Stage Anymore*, una ambiciosa y exhaustiva compilación de los temas en directo que no había colocado aún en otros discos. La serie, consistente en seis discos dobles, fue distribuida por Rykodisc y abarca temas capturados en vivo entre 1966 y 1988.

El volumen uno apareció en 1988. El segundo, del mismo año, se centra solo en un par de conciertos de 1974 en Helsinki, con la formación básica de *Roxy*

& *Elsewhere*. El tercero es de 1989 y la mitad se centra en las giras de 1984. El volumen cuarto se editó en 1991. El quinto, de 1992, es el que viaja más atrás en el tiempo, hasta unas actuaciones de The Mothers en junio de 1966, y dedica íntegramente su segundo disco a la gira italiana de 1982. Incluye una rareza de junio de 1969, perteneciente a una actuación en el Royal Albert Hall londinense, titulada «Mozart Ballet», con variaciones de Mozart tocadas al piano por Ian Underwood mientras Zappa y otras *madres* hacen voces, bromas y gruñidos de cerdo ante el jolgorio de los asistentes. El sexto y último apareció en 1992.

Inasequible al desaliento, aunque ninguno de estos discos fueran los más vendidos de su carrera –tampoco los peor recibidos–, Zappa continuó editando grabaciones en directo. Álbumes y compactos dobles, por supuesto.

Make a Jazz Noise Here (1991) puede verse como un complemento inmediato de *The Best Band You Never Heard in Your Life*, ya que documenta también la gira de 1988, aunque el repertorio es bien distinto y prevalecen los temas instrumentales. Interesante por varios motivos. Contiene un par de breves homenajes a dos de sus compositores predilectos de música clásica, Igor Stravinsky, con una dinámica «Royal March from L'Histoire du soldat», y Béla Bartok, con una colorista aproximación a «Theme from the Bartok Piano Concerto # 3».

También reformula el difícil «The Black Page» en lo que irónicamente define como una versión *new age*, y ciertamente suena como si fuera el tema más sencillo del mundo, aunque su rítmica por momentos *ska* y los esporádicos bramidos de la guitarra eléctrica poco tengan que ver con aquella corriente musical de relajación y buen rollo.

En la línea de «Plastic People» y otras diatribas, *Make a Jazz Noise Here* –título algo equívoco ya que si algo no practica Zappa aquí es el *jazz noise*– incluye la pieza «When Yuppies Go to Hell», en la que son los sonidos disconformes de saxo, trombón y sintetizador los que crean la atmósfera de desazón sobre las que unas voces invitan a los yuppies a irse al infierno en plena sinfonía de batería sintetizada, antes de pasar a una fase de música contemporánea en sintonía con Stravinsky y cerrar con músculo *funky*.

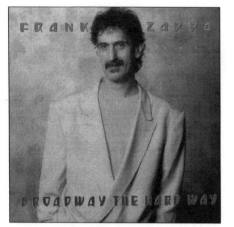

Hay un anterior disco con conciertos de ese mismo 1988, una fuente inagotable, la misma de las actuaciones de Bilbao, Madrid, Sevilla y Barcelona, puede que una de las últimas realmente innovadoras en la singladura por los escenarios de Zappa. Se trata de *Broadway the Hard Way* (1988). Otra ironía: Broadway por la vía más difícil. Zappa no pudo consumar en el teatro su espectáculo musical *Thing-Fish* unos años antes.

Ninguno de sus temas coincide con los dos anteriores dobles, aunque este es sencillo. Tiempo más que suficiente para que se ría de Richard Nixon en «Dick Suchs an Asshole», escupa que Jesucristo piensa que la gente es idiota en «Jesus Thinks You're a Jerk», recuerde a Elvis Presley a través de citas a otros clásicos del *rock'n'roll* en «Elvis Has Just Left the Building», rememore historias pop de serie B con melodías zíngaras en «Planet of the Baritone Women» y, en nostalgia catódica, acometa una versión del tema principal de *Los intocables* (*The Untouchables*, 1959-1963) como si se tratara del clásico «Harlem Nocturne» de Earle Hagen, aunque luego incorpora las notas de otra sintonía célebre, la de *Hawai 5.0* (1968-1980), y unos diálogos que le sirven para hablar de políticos contemporáneos.

La máxima expresión del arte del puzle sonoro llega con «Rhymin' Man», en la que los músicos, sobre un patrón fijo, arremeten durante pocos segundos con las melodías de *Los intocables*, *Misión: imposible* (1966-1973), «La Cucaracha», «Frère Jacques», temas de los créditos de los viejos *cartoons*, canciones western y danzas ruso-judías. Una auténtica rima prolongada de música popular.

En la edición en CD que Zappa publicó al año siguiente, con ocho temas más, se incluyó la versión del tema de Police «Murder by Numbers» interpretada con el propio Sting. Su presencia debía imponer: el tema no se aparta un ápice de lo que se entiende por versión respetuosa, aunquenla voz de Sting sueña extraña en el tejido musical de Zappa.

Desde luego, este disco sí que tiene algo de espectáculo de Broadway.

En la portada, el autor nos mira sonriente vestido con una elegante americana blanca y una camiseta rosa. Un señor de mediana edad con pinta educada, algo yuppie también. Las apariencias engañan.

Como un complemento más de las fér-
tiles giras de 1988, Zappa Records publicó
en 2021 *Zappa' 88: The Last U. S. Show*, un
documento histórico ya que se trata de la
última actuación que hizo el músico en suelo estadounidense, en el Nassau Coliseum
de Nueva York, el 25 de marzo de aquel año.
Además de alguna canción que no está en
The Best Band You Never Heard in Your Life,
*Make a Jazz Noise Here y Broadway the Hard
Way*, como la versión de «Whipping Post»
de The Allman Brothers Band, las gemas de

este nuevo doble artefacto atañen a The Beatles, a la relación diríamos que de
odio/amor que mantenía con los de Liverpool.

No solo realizó una versión divertida de «I Am the Walrus», cantada por Willis
con una morsa de trapo en la mano, sino que, bajo el enunciando de «The Texas
Medley», se apropió de otras tres canciones de los Beatles y las utilizó para sati-
rizar a un telepredicador evangelista, Jim Swaggart, que pocos días antes había
sido descubierto con una prostituta en un motel de Luisiana y confesó por televisión que había pecado.

Dada la notoriedad mediática del escándalo, Zappa hizo referencias a Swa-
ggart en otros temas interpretados en aquella gira, como «Lonesome Cowboy
Burt» y «More Trouble Everyday», incluidos en *The Best Band You Never Heard in
Your Life*.

Las canciones de los Beatles empleadas (y parodiadas) son «Norwegian
Wood» «Lucy in the Sky with Diamonds» y «Strawberry Fields Forever». Lo que
hace Zappa es cambiarles las letras, todo el sentido, y modificarles el título.
La primera pasa a ser «Norwegian Jim». La tercera se llama «Texas Motel». La
segunda es la más incisiva, «Louisiana Hooker with Herpes».

LAS NOCHES DE HALLOWEEN

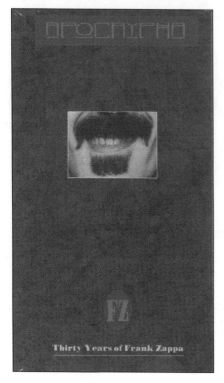

El material en directo de Zappa es un auténtico manantial de sorpresas. Y lo que sin duda queda aún por descubrir. Un sello italiano lanzó en 1994 una caja de edición limitada y precio prohibitivo –en los últimos tiempos costaba 350 euros– titulada *Apocrypha (Thirty Years of Frank Zappa)*. En sus cuatro muy aprovechables compactos rebela otros inéditos en directo, como dos temas de la presentación de *Hot Rats* en marzo de 1970, varios conciertos en noches de Halloween y el ácido *medley* de los Beatles en una toma del 12 de marzo de 1988 en Springfield, junto a verdaderas rarezas como el show con John Belushi en el *Satuday Night Live* de 1976, algunas improvisaciones televisivas o la primera actuación de la que se tiene constancia de The Mothers, realizada en un bar de Pomona en 1966.

También existe otro cofre, este de seis vinilos o cinco CD's, *Live in Europe 1967-1970* (2021), que recogen otros tantos conciertos del grupo en Suecia, Holanda, Francia y en un programa de la BBC. Este, en todo caso, no pertenece a los archivos de los herederos de Zappa, sino que ha sido publicado por Rox Box, un sello dedicado a los discos en directo.

Otra práctica habitual fue la de actuar en Nueva York durante los festejos de Halloween, generalmente las noches del 31 de octubre y del 1 de noviembre. Existen varios discos de Zappa Records que documentan estos eventos en los que la banda de Zappa tocaba frente a enardecidos espectadores vestidos para la ocasión de vampiros u otras criaturas terroríficas. Zappa, por su parte, adoptaba en escena la personalidad del conde Frakula.

Se han editado varios cofres y compactos sencillos con el contenido de aquellas actuaciones: *Halloween* (2003), que recoge la fiesta de 1978; *Halloween 73* (2019), grabado en un auditorio de Chicago y con «Uncle Meat», «Penguin in Bondage» y «I'm the Slime» entre las piezas interpretadas; *Halloween 77* (2017), capturado en el Palladium neoyorquino, con «Broken Hearts Are for Assholes», «Jones Crusher», «Dinah-Moe Humm», «Peaches En Regalia», «Camarillo Brillo» y «Bobby Brown» como platos fuertes».

El más ambicioso es *Halloween 81* (2020), en versión de seis compactos o en una reducida (*Halloween 81 Highlights*) de uno solo, registrado en el Palla-

dium, con más actuaciones –empezaron el 29 de octubre y el 31 hicieron dos shows– y versiones de «Chunga's Revenge», «Joe's Garage», «Teen-Age Prostitute», «Zoot Allures», «Dancin' Fool», «King Kong» y «Montana», entre otras. La caja cuenta con un buen reclamo para los fans: incluye la máscara de Frakula, una capa roja y negra de vampiro y otros ingredientes habituales de las fiestas de Halloween; pura mercadotecnia, aunque sea también muy *freak*.

CAPÍTULO VIII

MIENTRAS MI GUITARRA LLORA SUAVEMENTE

VIII. MIENTRAS MI GUITARRA LLORA SUAVEMENTE

De acuerdo, el encabezamiento de este capítulo corresponde al título de uno de los temas más célebres de George Harrison, y quizá la guitarra de Zappa nunca lloró suavemente, pero en «While my Guitar Gently Weeps», del doble blanco de los Beatles, *The Beatles* (1968), también tocó Eric Clapton, y Harrison era amigo suyo, y Zappa era amigo de Clapton y, en el fondo, es uno de los primeros temas en los que la guitarra es el argumento de la canción y le da título, como ocurre con «My Guitar Wants To Kill Your Mana», ideada por The Mothers of Invention en 1970.

Años después vendría Peter Hammill, de Van Der Graaf Generator, y le pondría a una de las canciones del disco *World Record* (1976) el nombre que le había dado a su guitarra eléctrica de seis cuerdas, «Meurglys III». Por cierto, Clapton no participó en la grabación de la toma de «While my Guitar Gently Wepps» registrada por los Beatles en el Abbey Road Studio. Fue, también, un *overdub*.

Y también conviene recordar que el mismo Harrison que hizo llorar a su guitarra suavemente compuso, una vez desligado de los Beatles, una magnífica canción para su primer álbum en solitario –*All Thing Must Pass* (1970), triple, al gusto de Zappa–a la que puso el título de «Wah-Wah», en homenaje al pedal, igualmente al gusto de Zappa, que utilizó sobre todo en las sesiones de «Get Back» para el último álbum del grupo, *Let It Be* (1970). De una forma u otra, todo liga.

La guitarra, en el centro neurálgico en la historia del rock, al menos hasta finales del siglo XX, cuando la música electrónica, sintetizadores, cajas de ritmos, DJ's, hip hop, trap y otras coaliciones musicales le restarían, o rebajarían, algo, muy poco, de su papel predominante.

ESCULTURAS EN EL AIRE

Una de las cualidades intrínsecas de la obra de Zappa, además de su laboratorio sonoro, su amalgama genérica, la polémica, el socavón *underground* que provocó y las diatribas satíricas de los textos de sus canciones, es su particular estilo de tocar la guitarra, las texturas que logró poco a poco, de forma autodidacta, hasta erigirse en uno de los guitarristas capitales del rock de los años sesenta y setenta.

En este vasto arco temporal, son muchos los guitarristas que aportaron su estilo personal, casi siempre en el seno de bandas que serían punteras en los distintos y variadísimos estilos que agrupa el concepto de música rock. Pensemos en Jimmy Page (primero en The Yardbirds, después en Led Zeppelin), Jerry Garcia (Grateful Dead), Jorma Kaukonen (Jefferson Airplane), Pete Townshend (The Who), Eric Clapton (Cream), Robby Krieger (The Doors), George Harrison (The Beatles), Keith Richards (The Rolling Stones), Mick Taylors (Bluesbreakers y Rolling Stones), John Fogerty (Creedence Clearwater Revival), Carl Wilson (The Beach Boys), Alvin Lee (Ten Years After), Rory Gallagher (Taste y en solitario), Bryan McLean y Arthur Lee (Love), Dave Davies (The Kinks), Sterling Morrison (The Velvet Underground), Robert Fripp (King Crimson), Mick Ronson (con David Bowie), Jeff Beck (The Yardbirds), Robbie Robertson (The Band), Peter Green (los primeros Fleetwood Mac), Ritchie Blackmore (Deep Purple), Stacy Sutherland (13th Floor Elevators), Syd Barrett y después David Gilmour (Pink Floyd), Fred Frith (Henry Cow), Steve Hillage (Gong), Roger McGuinn (The Byrds), Stephen Stills y Neil Young (juntos, por separado, con Buffalo Springfield o en el seno de

Crosby, Stills, Nash and Young), Mike Bloomfield (Paul Butterfield Blues Band), Duane Allman (The Allman Brothers Band), Carlos Santana (Santana), Eddie Hazel (Funkadelic), Freddie Stone (Sly & The Family Stone), Fred Sonic Smith y Wayne Kramer (Mc5), Ron Asheton (The Stooges) Johnny Winter, Stevie Ray Vaughan y, especialmente, Jimi Hendrix (con The Jimi Hendrix Experience o en solitario), con quien Zappa compartía la fascinación por los pedales wah wah.

Jimi Hendrix.

Esto sin contar, evidentemente, con los tan influyentes guitarristas negros de blues, rock y *rhythm'n'blues* que habían empezado a despuntar a finales de los cuarenta y en la década posterior, como Chuck Berry, Muddy Waters, Howlin' Wolf, B. B. King, John Lee Hooker, Johnny Guitar Watson, Albert Collins, Buddy Guy o Albert King, por otro lado, los que mayor influencia ejercieron en Zappa.

Curiosamente, adentrándose en los confines de Internet uno se lleva la sorpresa mayúscula de que, en las diversas y generosas listas con los guitarrista más famosos o influyentes de la historia, en ninguna aparece Zappa. Eso sí que me parece un misterio insondable por resolver.

A modo de repaso y síntesis de todos los estilos musicales practicados por Zappa que hemos citado y analizado en las páginas anteriores, su ambición sonora no tuvo límites: rock, blues, pop, jazz, *rock'n'roll, doo woop, rhythm'n'blues, rockabylly,* jazz-rock, funk, *soul,* sicodelia, rock espacial, *cartoon,* banda sonora, música hebrea, clásica, concreta, contemporánea, minimalista, vanguardia, reggae, rap, western, folk, *spoken word,* parodia, vodevil, rock progresivo, art rock, tango, pre-punk, góspel, ópera rock... Menos flamenco, tocó prácticamente todos los palos de la música popular y la culta. Sin embargo, ahí está la guitarra, quizá su sello más inconfundible, tanto en la forma de ajustarla al resto de instrumentos como en las partes solistas.

Zappa dijo en una ocasión que, para él, los solos de guitarra eran como hacer esculturas en el aire. Y tras haber hecho tantos, llegó un momento en que les dedicó una parte importante de su discografía siguiendo sus técnicas de edición acostumbradas: seleccionar solos, sacarlos casi del contexto de la canción a los que pertenecen, editarlos y convertir algunos discos en pequeñas sinfonías de las seis cuerdas, de cadencia más íntima o más *rockera*, en formato *jam session* o experimental; otorgándoles, en suma, una vida distinta a la que tuvieron en la grabación original en directo o en estudio. Para refutarlo, les ponía un título diferente y, de este modo, el solo en una canción determinada pasaba a tener existencia por sí mismo, como si fuera otro tema que compartiera lazos con el que le había cobijado.

CÁLLATE Y TOCA LA GUITARRA

La piedra angular de este proyecto es sin duda el triple *Shut Up 'n Play Yer Guitar* (1981), consistente en temas nuevos en directo de 1976, 1977 y 1980, con un fragmento tomado de una más antigua grabación de 1973 con Jean-Luc Ponty, en los que lo importante es el solo de guitarra. Hay un entorno, unos temas, sección rítmica y teclados, pero todo el disco gira alrededor de la preponderancia de la guitarra. Inicialmente lo vendió por correspondencia a través de su sello Barking Pumpkin, pero un año después salió al mercado con distribución de CBS. Y, sorprendentemente, tuvo tanta o más repercusión que los exitosos discos de canciones –o de ópera rock– que acababa de publicar, *Sheik Yerbouti* y *Joe's Garage*.

No duda en enfrentarse al estilo de otros guitarristas, como en «Variations on the Carlos Santana Secret Chord», entre admirado y curioso, o en llevar el instrumento hacia otras latitudes continentales, como en los aires asiáticos de «Five Five Five», o en trasegar el camino entre el *hard rock* y el jazz en «The Deatless Horsie». Su estilo más clásico queda reflejado en «Pinocchio's Furniture», pieza grabada en diciembre de 1980 en una actuación en un teatro de Berkeley que incorpora el solo de «Chunga's Revenge».

Cada uno de los tres discos tiene un título independiente, en forma de saga cinematográfica: *Shut Up 'n Play Yer Guitar*, *Shut Up 'n Play Yer Guitar Some More* y *Return of the Son of Shut Up 'n Play Year Guitar*, y, como escribió Christophe Delbrouk, «en cada ocasión Zappa cuenta una historia diferente en la que cada frase no existe más que en ese instante». De vez en cuando, deja paso al diálogo: el tema de 1973, «Canard du jour», es una improvisación con Ponty, solo que, en esta ocasión, el violín del músico francés no conversa con la guitarra, sino que

Zappa toca el *bouzouki*, el instrumento griego de cuerda cuya caja tiene forma de pera.

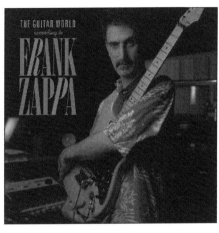

El triple disco no sació la sed 'solista' de Zappa, que siguió publicando obras en la misma línea: *The Guitar World According to Frank Zappa* (1987), un nuevo recopilatorio de solos que primero apareció en formato casete en la revista *Guitar World*, en junio de 1987, conoció después varias ediciones piratas y Zappa Records terminó publicándolo en disco en 2019, en edición remasterizada, limitada y numerada; *Guitar* (1988), en formato de doble vinilo (diecinueve temas) y compacto (treinta y dos), por el que obtuvo una nominación a los premios Grammy en la categoría de mejor interpretación de rock instrumental, y *Trance-Fusion* (2006), completado antes de su muerte pero no difundido hasta más de una década después. En este último, el solo de guitarra de «King Kong» pasa a llamarse «Diplodocus», el de «The Torture Never Stops» se convierte en «After Dinner Smoker» y el que sucede a una improvisación a partir del «I Am the Walrus» de Lennon-McCartney toma la forma de un «Bavarian Sunset». Sentido del humor tampoco le faltaba cuando decidía como bautizar estos fragmentos instrumentales que dialogaban con los temas a los que habían pertenecido.

Es interesante también el proyecto *Frank Zappa Plays the Music of Frank Zappa* (1996), otro de sus discos editado póstumamente. Su hijo Deewil le preguntó poco antes de morir cuáles serían para él sus mejores líneas de guitarra, aquellos temas que consideraba sus mejores aportaciones con el instrumento. Estas piezas, «Zoot Allures», «Black Napkins» y «Watermelon in Easter Hay» –las dos primeras de *Zoot Allures* y la tercera de *Joe's Garage Acts II & III*–, reviven en este disco en sus versiones primigenias y lecturas complementarias en directo en las que la guitarra vuelve a ser el centro de todas las cosas. Subtitulado *A Memorial Tribute*, el disco cuenta con una ilustración de portada a cargo de Matt Groening, creador de *Los Simpson* y fan reconocido de Zappa.

No es un disco, pero participa de esta exaltación de la guitarra el libro *The Frank Zappa Guitar Book*. En él, Steve Vai, uno de sus más estrechos colaboradores, transcribió todas las partes de guitarra de veintidós temas de Zappa durante el tiempo en el que no estaba de gira con él, entre enero de 1979 y verano de 1981.

Finalmente, y aunque no tenga el mejor de sus solos de guitarra eléctrica, aunque si un breve punteo con la acústica, conviene recordar que una de las mejores canciones de *Weasels Ripped my Flesh* es «My Guitar Wants To Kill Your Mama», en la que se cuenta la historia de un joven enamorado de una chica cuyos padres le repudian por sucio y melenudo. El chico acaba odiándolos tanto que desea que su guitarra maté a la madre de ella. Si el rock fue rebelde y antisistema en sus orígenes, la guitarra se consagró como el mejor instrumento de esa rebeldía, en sentido figurado y literal según Zappa en esta canción.

EL FENÓMENO DE JIMI HENDRIX SEGÚN ZAPPA

En el corto tiempo en el que coincidieron, se respetaron. Además de versionar su «Purple Haze», hay una grabación de una actuación del 18 de septiembre de 1977 que, al coincidir con el séptimo aniversario de la muerte de Hendrix, inspira a Zappa y Adrian Belew una improvisación totalmente *hendrixiana* de *feedbacks*, distorsiones y un fragmento del Himno Nacional de los Estados

Jimi Hendrix.

Unidos, «The Star-Spangled Banner», que Hendrix interpretó en el festival de Woodstock. Un tributo en toda regla en el que Zappa se olvida de su propio estilo para tocar como lo hacía el autor de «The Wind Cries Mary».

En su manera de utilizar el *wah wah*, puede que no haya dos guitarristas mejores que ellos dos. Su concepto de la guitarra solista es también similar, aunque las canciones de uno y otro se parecían bien poco. A Zappa podía atraerle, además, la idea de que un músico negro, siendo él amante de todos los géneros afroamericanos, pudiera hacer un rock blanco tan poderoso con sus propias reglas. Otro elemento que los emparentaba era la importancia que le daban al trabajo de grabación y mezclas en el estudio, como atestigua la laboriosa gestación de *Electric Ladyland* (1968), el disco más ambicioso y completo de Hendrix.

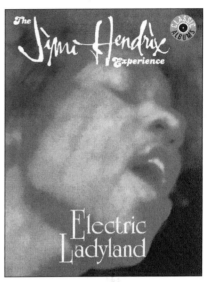

Zappa dio su opinión sobre él, sobre su música y la sexualidad que emanaba en el escenario –rock y sexo era otra de sus temáticas–, en uno de los pasajes del artículo que escribió para la revista *Life* en 1968 con el título de «The Oracle Has It All Psyched Out».

«Hendrix es una de las figuras más revolucionarias de la cultura pop de hoy en día, musical y sociológicamente. Su éxito es una curiosa paradoja en vista de los prejuicios históricos antes esbozados.

Tiene veinticuatro años. Abandonó el instituto en Seattle en el onceavo grado. Fue educado estrictamente por sus padres: "Me enseñaron a tener modales". Es razonablemente sincero y humilde: "Tenemos suerte de que nos escuchen". Aparentemente es muy feliz con su éxito comercial. En parte porque le permite llevar a cabo algunas de sus fantasías de la infancia (en su ropa, por ejemplo): "Siempre he querido ser un vaquero, o un *hadji baba* o, el Prisionero de Zenda".

Su atractivo más fuerte es hacia el público femenino blanco de entre trece y treinta años, con la mayor concentración de víctimas entre los diecinueve y los veintidós. Su carisma también se extiende a un público blanco masculino, de entre quince y veinticinco.

Es realista sobre su atractivo en el mercado: "La gente negra probablemente echa pestes de nosotros... hasta que tocamos. Cuando veo algunos de ellos por la calle, me dicen, 'He visto que tienes a esos dos chicos blancos contigo...' Intento explicarles lo de esta nueva música. Les pongo algunos discos. Primero les pongo un disco de Cream y cuando dicen, 'Eh, eso es bueno, ¿quién toca la guitarra?', les contestó que es Eric Clapton y que es inglés. Luego les pongo algo de lo que hacemos nosotros. A veces siguen pensando que estamos locos".

Su música es muy interesante. El sonido es en extremo simbólico: gruñidos orgásmicos, gritos torturados, gemidos lascivos, desastres eléctricos y otras innumerables curiosidades auditivas les son ofrecidas a los mecanismos sensibles del público a un nivel de decibelios extremadamente alto. En un ambiente de actuación en directo, es imposible escuchar lo que el grupo de Hendrix hace... te come vivo (él se preocupa bastante de su imagen en los conciertos: "No quiero que todo el mundo piense en nosotros sólo como un gran destello de movimiento, balanceo, andar a tientas, de empujones y de ataques y ...").

Jimi Hendrix.

A pesar de sus empujones y de sus andares a tientas, el público femenino piensa que Hendrix es guapo (quizá sólo que da un poco de miedo), pero, sobre todo muy sexy. El público masculino piensa en él como un magnífico guitarrista y cantante. Los chicos se llevarán a las chicas a los camerinos a por autógrafos. Mientras firma sus trozos de papel, las hombreras, los bolsos y los pantalones, a Hendrix le preguntarán frecuentemente: "¿Piensas en alguna chica en particular cuando tocas, o sólo piensas en el sexo en sí mismo?" Mientras tanto, los chicos preguntarán, "¿Qué tipo de equipo usas? ¿Te pones ciego antes de salir a tocar?"

A los chicos parece no disgustarles el hecho de que sus novias se exciten sexualmente con Hendrix; muy pocos están resentidos con su atractivo y sienten envidia. Parecen rendirse a la evidencia y decir: "Él lo tiene, yo no lo tengo, no sé si lo tendré alguna vez... pero si lo tengo, quiero ser como él, porque él sí que lo tiene". Se conforman con participar de modo vicario y/o comprar una Fender Stratocaster, un Arbiter Fuzz Face, un pedal Wah-Wah Vox, y cuatro amplificadores Marshall».

CAPÍTULO IX

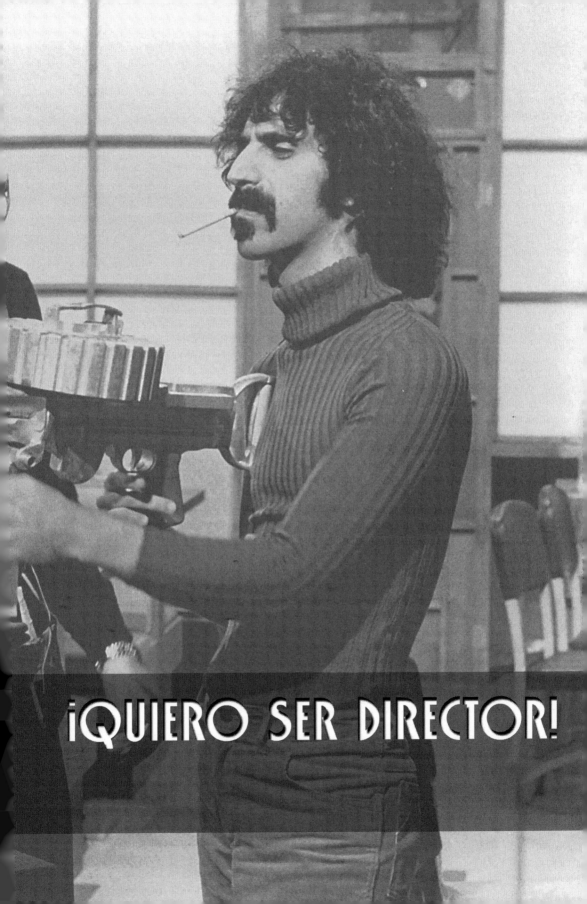

¡QUIERO SER DIRECTOR!

IX. ¡QUIERO SER DIRECTOR!

CINE Y ROCK

Las dos disciplinas siempre han tenido una estrecha relación, aunque no siempre haya sido fructífera. Hollywood domesticó en exceso a Elvis Presley cuando lo convirtió en protagonista de musicales dramáticos progresivamente más adocenados. Pero el cine también ha permitido que músicos de rock tanteen otras formas de expresión, sea a través de la actuación o de la dirección, con resultados al menos rupturistas.

La lista de *rockeros*, *rockeras* y *raperos*, incluso músicos de salsa –sean estrellas o más independientes– pasados a la interpretación cinematográfica es fecunda: David Bowie, Mick Jagger, el mismo Elvis, Cher, Madonna, Prince, Sting, Meat Loaf, Marianne Faithfull, Tina Turner, los Beatles con el director Richard Lester, Ringo Starr en solitario, Tom Waits, Deborah Harry, Jon Bon Jovi, Courtney Love, Justin Timberlake, Rubén Blades, Marilyn Manson, Björk, Ice Cube o Ice T.

También se ha prodigado el trasvase al revés, el de la actriz-cantante, sobre todo en Francia: Catherine Deneuve, Anna Karina, Isabelle Adjani, Jeanne Moreau, Brigitte Bardot, Isabelle Huppert Jeanne Balibar, Juliette Lewis y Scarlett Johansson han grabado uno o varios discos en general muy interesantes. En Francia, *chanson* y actuación son sinónimos. Hay ejemplos femeninos que se han producido menos que en el ámbito masculino: es difícil concretar que fueron primero Jane Birkin y Barbra Streisand, actrices o cantantes, lo mismo que Frank Sinatra, tres casos en los que nunca puede dilucidarse si es una actriz o un actor que canta o una cantante que hace cine.

Y si hay o ha habido cineastas importantes que componen e interpretan música, como Jim Jarmusch y David Lynch –no solamente los que se encargan de las bandas sonoras de sus películas, caso de Charles Chaplin, Clint Eastwood o John Carpenter–, ¿por qué no puede haber músicos que dirijan películas?

Son menos en comparación con los de los músicos-actores, pero también resultan curiosos pese a logros, por lo general, bastante dispersos. Prince, Laurie Anderson, Bob Dylan, Neil Young (con el seudónimo de Bernard Sharkey), David

Byrne, RZA y Rob Zombie han realizado una o más películas, algunas de ellas completamente fuera de la distribución comercial, pero otras estrenadas en su momento beneficiadas precisamente del prestigio de un Dylan –*Renado y Clara* (*Renaldo and Clara*, 1978)– y un Byrne –*Historias verdaderas* (*True Stories*, 1986)–, o por pertenecer a un género tan popular y rentable como el de terror, caso de Zombie con *La casa de los 1000 cadáveres* (*House of 1000 Corpses*, 2003) y *Halloween, el origen* (*Halloween*, 2007).

Podemos añadir fuera del ámbito estadounidense al francés Serge Gainsbourg, que lo hizo todo, escribir canciones, componer bandas sonoras, cantar, actuar en el cine y dirigir películas, y al español Anton Reixa, y recordar que Jim Morrison estudió cine en la universidad y sus primeros pasos se dirigían hacia las películas antes de convertirse en líder de The Doors.

El Zappa director recuerda un poco a Neil Young cuando ha realizado films de raíz experimental como *Journey Through the Past* (1972) y *Human Highway* (1982), asumiendo sin problemas su marginalidad y existencia fuera de los

Zappa en el momento álgido de *200 Motels*.

circuitos habituales. Pero *200 Motels* (1971), su película más ambiciosa tras la cámara, no solo podía gozar de cierta repercusión comercial al venir firmada por un personaje tan iconoclasta como Zappa, sino que coincidió en el tiempo con el triunfo del cine independiente norteamericano y el Nuevo Hollywood.

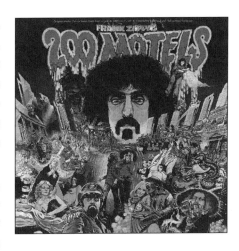

Por eso puede resultar sorprendente, pero no extraño, que una película tan anti-película, visceralmente independiente y *underground* como *200 Motels*, tan distinta a cualquier cosa que pudiera hacerse en el cine relacionado con el rock, desde las comedias musicales de los Beatles hasta las ópera-rock, la distribuyera una de las *ocho majors* de Hollywood, United Artists.

En el mismo año, otro de los grandes estudios, Universal, también distribuyó dos películas independientes –*The Last Movie*, de Dennis Hopper, y *Carretera asfaltada en dos direcciones* (*Two-Lane Blacktop*,) de Monte Hellman– sin saber exactamente en que estaban invirtiendo su dinero, y el batacazo comercial seria mayúsculo, aunque ahora las tres son piezas de culto.

United Artists –que invirtió 650.000 dólares en la producción de *200 Motels*– y Universal no sabían qué hacer con los films de Zappa, Hopper y Hellman, pero ese, en todo caso, era problema de sus ejecutivos y no de los directores que habían conseguido realizar en total libertad películas a contracorriente financiadas por el sistema.

LA IMAGEN ELECTRÓNICA SEGÚN ZAPPA

200 Motels es una combinación tan bizarra como el nombre de su productora, la discográfica propia Bizarre. Una combinación de situaciones y sensaciones, más que un *plot* tradicional, ideadas por Zappa pero plasmadas en imágenes por Tony Palmer. El argumento y el guion son del guitarrista. El guion técnico es de Palmer: uno propone el fondo, el otro resuelve la forma. En cuanto a la realización, según los créditos Zappa dirigió las caracterizaciones (es decir, a los actores) y Palmer la parte visual (es decir, la dirección estricta de la película, y también es el responsable de la fotografía). Pero es en la sala de montaje donde se crearía el ritmo y tono tan extraños de este film. En eso se parece mucho a los procesos de grabación de sus discos.

Toda la *troupe* participó en el proyecto. Una parte de The Mothers, cuando Zappa quería que se llamasen precisamente *200 Motels*, toca en directo: George Duke (al trombón), Ian Underwood, Jim Pons, Motorhead Sherwood, Aynsley Dubar, Howard Kaylan, Mark Volman y un Zappa discretamente situado al fondo de los encuadres blandiendo la guitarra.

La otra mitad interpretan personajes o se interpretan a sí mismos: Don Preston, Jimmy Carl Black y Ruth Underwood. Janet Ferguson es una de las *groupies* en el decorado: se había casado con el *roadie* del grupo, formaba parte de la comunidad de Laurel Canyon, participó en la orquesta del Grand Wazoo y puso voces en otros discos de Zappa con el seudónimo de Gabby Furggy.

Kaylan y Volman aportaron también *special material* –situaciones y diálogos improvisados en la línea de los conciertos-evento de The Mothers en aquel periodo– y el diseño de producción es de Cal Schenkel. *200 Motels*, en su gestación, es absolutamente coherente con lo que Zappa y The Mothers estaban haciendo en el campo musical.

La película se filmó en los estudios Pinewood de Londres. En realidad, buena parte del escenario-localización del film es el plató de rodaje de un supuesto espacio televisivo en el que se suceden las actuaciones del grupo y de la Royal Philharmonic Orchestra con una trama argumental que no se sabe que dirección puede tomar.

En la primera escena, un personaje llamado Larry el Enano desciende desde el techo del plató como si fuera una marioneta. Tiene el pelo y el bigote idénti-

Ringo Starr en *200 Motels*.

cos a los de Zappa, y viste con el mismo jersey morado que luce el guitarrista durante todo el film, pero está interpretado por un Ringo Starr con peluca. Sin problemas tras los conflictos suscitados por la parodia de la portada de *Sgt. Pepper's Lonely Hearts Club Band*. Tampoco los hubo con John Lennon, con quienes Mothers colaboraron también en esta época. McCartney fue otra cosa.

También aparece en un papel más secundario otro músico, Keith Moon, batería de The Who, así como el chófer personal de Ringo, Martin Lickert, quien encarna a Jeff, el substituto del real Jeff Simmons, despedido de la banda poco antes de comenzar el rodaje.

El enano Larry desciende del techo con una lámpara maravillosa en la mano, pero lo que maravilla al presentador/maestro de ceremonias, incorporado por el único actor profesional del reparto, Theodore Bikel, es que … ¡vista como Zappa!

Tras la obertura musical, titulada «Semi-Fraudelenet/Direct From Hollywood Overture», y cuando la historia no ha hecho más que esbozarse, la banda toca «Mystery Roach», una de la media docena de comedias rock que jalonan el relato, escritas en habitaciones de hotel durante la gira anterior a la filmación.

Palmer filma a los miembros de The Mothers en primeros planos muy cortos, sin ninguno de conjunto, y encadenados de forma muy rápida, casi superponiéndose unos con otros en una técnica expresiva que acabaría haciendo furor en la narrativa audiovisual pop en la televisión antes de que apareciera el concepto artístico-mercantil del videoclip.

Los otros Mothers se dedican a conversar entre ellos. Entre el absurdo y el sin sentido. Todos se carcajean de una canción que ha escrito Frank sobre las medidas de un pene. El maestro de ceremonias, con ropa miliar, les trae una hamburguesa con queso.

Una periodista vestida de cuero negro que escribe para un diario de San Francisco se pasea por el plató. La interpreta Pamela Ann Miller aka Pamela Des Barres, una de las integrantes de GTOs. The Mothers vuelven a la carga, y cuando no tocan ellos, la orquesta interpreta algunos interludios. A veces, la expresión de alguno de los integrantes de la orquesta es sumamente perpleja: parece no entender nada de lo que Zappa había organizado en ese rodaje.

La acción se traslada a una ciudad ficticia llamada Centerville –existe un Centerville en Ohio–, donde The Mothers reciben una paliza por parte de unos cowboys. Al mismo tiempo, Carl Black realiza un número paródico de música country con «Lonesome Cowboy Burt» ante espectadores con máscaras y cascos de operario. En otra secuencia se contemplan rituales operísticos con miembros del Ku Klux Klan.

Pamela Des Barres y las GTOs.

Tony Palmer es un experto en el cine sobre música. Ha dirigido documentales y conciertos filmados de Leonard Cohen, Rory Gallagher, Fairport Convention, Primal Scream, The Beatles, Vangelis, Liberace, María Callas y Benjamin Britten, además de una miniserie sobre Richard Wagner protagonizada por Richard Burton en 1983. De todo un poco. *200 Motels* no cuadra con nada de lo que haría antes y después.

Aquí Palmer intenta utilizar todos los recursos que brindaba entonces la incipiente técnica del vídeo, el cine electrónico: sobreimpresiones con colores y formas sicodélicas, imágenes desdobladas, solarizaciones, planos en negativo, animaciones … Evidente libertad creativa, pero en un conjunto deslavazado, aunque posiblemente esa fuera la intención provocadora de Zappa: quería hacer una película extravagante, absurda y perfecta.

Las actuaciones de The Mothers sirven a modo de enganche para el espectador. Son, paradójicamente, los únicos "momentos" normales del film, aunque filmados y montados lejos de cualquier noción del género del film-concierto. El crescendo final es lógico, con el grupo, la orquesta filarmónica y Zappa de conductor.

¿Película-manifiesto del otro cine? ¿Experimento con la imagen electrónica? ¿Performance? ¿Aniquilación del relato cinematográfico tradicional? ¿Film-concierto disimulado? ¿Encuentro entre el rock y la música clásica? ¿Espectáculo musical? ¿Sátira televisiva? ¿Parodia irrespetuosa a lo Monty Python? Cualquiera de estos conceptos cuadra con una propuesta anti-conceptual, fascinante y deshilachada a la par, un caso único que, por eso mismo, no tuvo continuidad.

OTRAS PELÍCULAS

M*ondo Hollywood* (1967) es un documental de Robert Carl Cohen que retrata la escena cultural, musical y cinematográfica de Los Ángeles. Zappa y Black hicieron música para la película, pero fue desechada en el montaje final. El director diría en 2006: «Filmé a Zappa y su grupo en una de las varias fiestas cuyas escenas se intercalan en la parte final de la película. Pero no grabé la música, los rodé en silencio con una Arriflex 35 C. Las pocas tomas de ellos que se ven en el film constituyen todo el material grabado». Cohen entró en una especie de litigio con Kim Fowley, quien aseguraba tener la banda sonora de la película registrada por The Mothers. Circula una edición en compacto del *soundtrack* en el que no hay ningún tema de ellos.

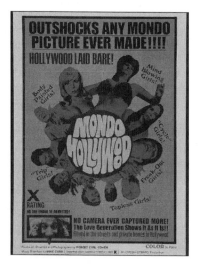

Uncle Meat (1969), la película que Zappa nunca pudo terminar. Algunos fragmentos sonoros del film aparecieron en la reedición del disco del mismo título de 1987. La fotografía corrió a cargo de Haskell Wexler, quien acababa de iluminar películas importantes del Nuevo Hollywood como *En el calor de la noche* (*In the Heart of the Night*, 1967), de Norman Jewison, y de dirigir un film político que sin duda debía gustar a Zappa, *Medium Cool* (1969), y que después haría la fotografía de *Alguien voló sobre el nido del cuco* (*One Flew Over the Cuckoo's Nest*, 1975), de Milos Forman.

También en 1987 se editó un vídeo con todo el material rodado y una serie de entrevistas y reportajes alrededor de su gestación, a medio camino entre lo que existe de la película y el *makinf of* de la misma.

Incompleto, pero da pistas sobre lo que podría haber sido este nuevo film experimental con elementos de ciencia ficción, o de ciencia, o de ficción: primerísimos primeros planos desenfocados, conversaciones y acaloradas discusiones en habitaciones de hotel, partidas de billar, imágenes a cámara rápida y viradas a bitono y experimentos plásticos que recuerdan a las vanguardias de los años treinta.

Baby Snakes (1979) es el tercer y último largometraje como director, más comedido que *200 Motels* aunque igual de ecléctico. Se divide en dos partes, una de animación y otra que registra una actuación con su banda en el mes de octubre de 1977 –Adrian Belew, Terry Bozzio, Ed Mann, Patrick O'Hearn, Roy Estrada y Tommy Mars–, en la misma gira en que homenajearon a Jimi Hendrix unas semanas antes.

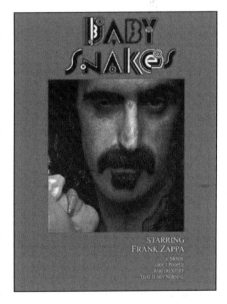

Lo más interesante reside en esa primera parte animada en la que Zappa rescata el paciente trabajo *stop motion* de Bruce Bickford, un cineasta-artesano que conoció durante su convalecencia tras el accidente del concierto londinense de 1971.

El trabajo con Bickford le permitió, en cierto modo, regresar a su adolescencia cinematográfica, cuando remontaba las películas domésticas de sus padres y veía films baratos de monstruos.

La orgía visual de Bickford con muñequitos y figuras de arcilla se conseguía mediante una de las variantes de la técnica *stop motion*, la *claymation*, y en el film puede verse a Bickford cambiando de posición el brazo de uno de los muñecos, a Zappa capturando el plano con su cámara de 16 mm, un nuevo movimiento del brazo del muñeco, otro tiro de cámara y así hasta conseguir la movilidad espasmódica de los personajes fotograma a fotograma.

Por un lado, este cine manual es muy bonito. Por el otro, las formas, movimientos y colores casan a la perfección con la estética de tantas portadas de discos de Zappa y The Mothers.

Bickford y Zappa colaboraron de 1974 a 1978. Zappa realizó un documental en vídeo que combina animaciones y canciones, *The Amazing Mr. Bickford* (1987). La banda sonora de *Baby Snakes* no se publicó hasta 1983.

Roxie the Movie (2015) es la filmación de los conciertos de diciembre de 1973 en el Roxy Theatre de Hollywood que darían pie al disco doble *Roxy & Elsewhere*. Las actuaciones se filmaron en 16 mm bajo supervisión del propio Zappa. Después intentó por todos los medios comercializarlas como película, pero por problemas técnicos de sincronización entre imágenes y sonido no lo consiguió (algo parecido a lo que ocurrió con el máster original de *Amazing Grace*, filmación con idénticos problemas técnicos de un concierto góspel de Aretha Franklin por parte de Sidney Pollack, que en 2018 restituiría el director Alan Elliott). Las imágenes del Roxie serían restauradas y el sonido sincronizado en 2015, y el film soñado ya es una realidad en formato de doble Blu-ray/DVD y CD.

Además de la dirección de estos films, las dos bandas sonoras que escribió en sus inicios en Los Ángeles –*The World's Greatest Sinner* y *Run Home Slow*– y su cometido de anfitrión en *Saturday Night Live*, Zappa tiene como actor tres apariciones bastante suculentas. Interpretó a un crítico musical en *Head* (1968), debut de Bob Rafelson en la dirección con una comedia musical y pop, escrita por Jack Nicholson, en la que el grupo The Monkees plantea un juego de espejos similar al de los films de Richard Lester con The Beatles.

Head (1968) The Monkees.

Las otras dos son breves interpretaciones televisivas en una serie de limitado culto y otra de mucho éxito comercial. Incorporó en 1984 al misterioso personaje llamado Atila en «The Boy who Left Home to Find Out the Shivers», episodio de la serie *Faerie Tale Theatre* (1982-1987), producida por la actriz Shelley Duvall y basada en cuentos clásicos de hadas. Dos años después estuvo como pez en el agua dando vida al traficante de drogas Mario Fuente en «Payback», episodio de la segunda temporada de la famosa *Corrupción en Miami* (*Miami Vice*, 1985-1989).

Frank Zappa, genio y figura, incluso en el cine y la televisión.

CAPÍTULO X

ANEXO: DISCOGRAFÍA,
FILMOGRAFÍA Y BIBLIOGRAFÍA

X. ANEXO: DISCOGRAFÍA, FILMOGRAFÍA Y BIBLIOGRAFÍA

DISCOGRAFÍA

THE MOTHERS OF INVENTION/THE MOTHERS
- *Freak Out!* (Verve, 1966)
- *Absolutely Free* (Verve, 1967)
- *We'Re Only in It for the Money* (Verve, 1968)
- *Cruising with Ruben & The Jets* (Verve, 1968)
- *Uncle Meat* (Bizarre/Reprise, 1969)
- *Mothermania* (Bizarre/Verve, 1969) Recopilatorio
- *The Mothers of Invention/Golden Archive Series* (MGM, 1969) Recopilatorio
- *Mother's Day* (Verve, 1969) Recopilatorio
- *Burnt Weeny Sandwich* (Bizarre/Reprise, 1970)
- *Weasels Ripped My Flesh* (Bizarre/Reprise, 1970)
- *Fillmore East-June 1971* (Bizarre/Reprise, 1971)
- *200 Motels* (United Artists, 1971)
- *Just Another Band from L.A.* (Bizarre/Reprise, 1972)
- *The Grand Wazoo* (Bizarre/Reprise, 1972)
- *Over-nite Sensation* (DiscReet/Reprise, 1973)
- *Roxy & Elsewhere* (DiscReet/Reprise, 1974)
- *One Size Fits All* (DiscReet/Reprise, 1975)
- *Playground Psychotics* (Barking Pumpkin/Zappa Records, 1992)

- *Ahead of Their Time* (Barking Pumpkin, 1993/Rykodisc, 1995)
- *Rainbow Theatre London, England December 10, 1971*
  (Zappa Records, 2022)

ZAPPA/BEEFHEART/MOTHERS
- *Bongo Fury* (DiscReet/Reprise, 1975)

FRANK ZAPPA
- *Lumpy Gravy* (Verve/Bizarre, 1967)
- *Hot Rats* (Bizarre/Reprise, 1969)
- *Chunga's Revenge* (Bizarre/Reprise, 1970)
- *Waka/Jawaka* (Bizarre/Reprise, 1972)
- *Apostrophe* (DiscReet/Reprise, 1974)
- *Zoot Allures* (Warner Bros, 1976)
- *Zappa in New York* (DiscReet/Warner Bros, 1978)
- *Studio Tan* (DiscReet, 1978)
- *Sleep Dirt* (DiscReet, 1979)
- *Orchestral Favourites* (DiscReet, DiscReet, 1979)
- *Sheik Yerbouti* (Zappa Records/CBS, 1979)
- *Joe's Garage Act I* (Zappa Records/CBS, 1979)
- *Joe's Garage Acts II & III* (Zappa Records/CBS, 1979)
- *Tinseltown Rebellion* (Barking Pumpkin/CBS, 1981)
- *Shut Up 'n Play the Guitar* (Barking Pumpkin/CBS, 1981)
- *You Are What You Is* (Barking Pumpkin/CBS, 1981)
- *Ship Arriving Too Late to Save* (Barking Pumpkin/CBS, 1982)
- *Baby Snakes* (Barking Pumpkin, 1983)
- *The Man from Utopia* (Barking Pumpkin/CBS, 1983)
- *The London Symphony Orchestra – Zappa Vol. I* (Barking Pumpkin, 1983)
- *Boulez Conduct Zappa-The Perfect Strange*
  (Pathé/Emi/Angel Records, 1984)
- *Them Or Us* (Barking Pumpkin, 1984)
- *Thing-Fish* (Barking Pumpkin, 1984)
- *Francesco Zappa* (Barking Pumpkin, 1984)
- *Frank Zappa Meets The Mothers of Prevention*
  (Barking Pumpkin/Emi, 1985)
- *The Old Masters Box Vol. 1* (Barking Pumpkin, 1985) Recopilatorio
- *Does Humor Belong in Music?* (Emi, 1986)

- *Jazz in Hell* (Barking Pumpkin/Emi, 1986)
- *The Old Masters Box Vol. 2* (Barking Pumpkin, 1986) Recopilatorio
- *The Old Masters Box Vol. 3* (Barking Pumpkin, 1986) Recopilatorio
- *The London Symphony Orchestra – Zappa Vol. II* (Zappa Records, 1987)
- *The Guitar World According to Frank Zappa*
  (Guitar World, 1987, casete; Zappa Records, 2019, CD)
- *Guitar* (Barking Pumpkin/Zappa Records, 1988)
- *You Can't Do That on Stage Anymore Vol. 1*
  (Zappa Records/Rykodisc, 1988)
- *Broadway the Hard Way* (Barking Pumpkin/Zappa Records, 1988)
- *You Can't Do That on Stage Anymore Vol. 2*
  (Zappa Records/Rykodisc, 1988)
- *You Can't Do That on Stage Anymore Vol. 3*
  (Zappa Records/Rykodisc, 1989)
- *Beat the Boots! Limited Edition Box Set*
  (FOO-EE, 1991; Zappa Records, 2009) Recopilatorio
- *Make a Jazz Noise* (Zappa Records/Barking Pumpkin, 1991)
- *You Can't Do That on Stage Anymore Vol. 4*
  (Zappa Records, Rykodisc, 1991)
- *The Best Band You Never Heard in Your Life*
  (Barking Pumpkin/Zappa Records, 1991)
- *You Can't Do That on Stage Anymore Vol. 5*
  (Zappa Records/Rykodisc, 1992)
- *You Can't Do That on Stage Anymore Vol. 6*
  (Zappa Records/Rykodisc, 1992)
- *The Yellow Shark* (Barking Pumkpin/Zappa Records, 1993)
- *Civilization Phaze III* (Barking Pumpkin/Zappa Records, 1994)
- *No Commercial Potential* (Rykodisc, 1995) Recopilatorio
- *The Lost Episodes* (Rykodisc, 1996)
- *Frank Zappa Plays the Music of Frank Zappa* (Barking Pumpkin, 1996)
- *Läther* (Rykodisc, 1996) Recopilatorio periodo 78-79
- *Mystery Disc* (Rykodisc, 1998) Recopilatorio
- *Halloween, Live in New York 1978* (DTS Entertaintment, 2003)
- *QuAUDOPHILIAc* (DTS Entertainment, 2004)
- *The Best of Frank Zappa* (Rykodiscs, 2004) Recopilatorio
- *Joe's Domage* (Vaulternative, 2004)
- *Joe's Corsage* (Vaulternative, 2004)
- *Joe's Xmasage* (Vaulternative, 2005)

- *Trance-Fusion* (Zappa Records, 2006)
- *The MOFO Project/Object* (Zappa Records, 2006)
- *Imaginary Diseases* (Zappa Records, 2006)
- *Joe's Menage* (Vaulternative, 2008)
- *The Lumpy Money Project/Object* (Zappa Records, 2009)
- *Greasy Love Songs Project/Object* (Zappa Records, 2010)
- *Baby Snakes-The Complete Soundtrack* (Zappa Records, 2012)
- *Joe's Camouflage* (Vaulternative, 2014)
- *Dance Me This* (Zappa Records, 2015)
- *Frank Zappa for President* (Zappa Records, 2016)
- *Little Dots* (Zappa Records/UMe, 2016)
- *Halloween 77* (Zappa Records/UMe, 2017)
- *Halloween 73* (Zappa Records/UMe, 2019)
- *The Hot Rat Sessions* (Zappa Records, 2019)
- *Halloween 81* (Zappa Records/UMe, 2020)
- *The Zappa Movie Official Soundtrack Album! Exclusive Backer Reward Edition* (Zappa Records, 2020)
- *Zappa-Original Motion Picture Soundtrack* (Zappa Records/Universal, 2020)
- *Zappa'88: The Last U.S. Show* (Zappa Records, 2021)

Nota. A partir de 2012, Zappa Records editaría el grueso de la discografía de Zappa de los años sesenta y setenta en formato CD.

GRABACIONES DEL ESTUDIO CUCAMONGA
- *Early Works 1963-1964* (Del-Fi, 1992)
- *Cucamonga Years-The Early Works of Frank Zappa, 1962-1964* (Panfish Japan, 1997)
- *Cucamonga (Frank's Wild Years)* (Del-Fi, 1998)

Los tres discos incluyen temas de bandas que grabaron en los estudios de Cucamonga: Heartbreakes (5) (dúo chicano de *doo woop*), The Rotations (practicantes de *surf rock*), Paul Bluf (el ingeniero de sonido de los estudios), Baby Ray & The Ferms (grupo de Ray Collins), Bob Guy (presentador de la serie televisiva de 1962 *Jeeper Creepers Theater*), The Pauls y The Penguins (otras dos bandas de *doo woop*), The Hollywood Persuaders (*pop lounge*) y el propio Zappa con el seudónimo de Mr. Clean.

DISCOS PRODUCIDOS POR ZAPPA Y/O EDITADOS POR SUS COMPAÑÍAS

- *Sandy Hurvitz: Sandy's Album mis Here at Last* (Bizarre/Verve, 1969)
  Productor: Ian Underwood.
- *Lenny Bruce: The Berkeley Concert* (Bizarre/Reprise, 1969)
- *Laurence Wayne Fisher: An Evening with Wild Man Fisher*
  (Bizarre/Reprise, 1969)
- *GTOs: Permanent Damage* (Straight, 1969)
- *Captain Beefheart & His Magic Band: Trout Mask Replica* (Straight, 1969)
- *Alice Cooper: Pretties for You* (Straight, 1969)
- *Jeff Simmons: Naked Angels* (*The Original Motion Picture Soundtrack*)
  (Straight, 1969)
- *Jeff Simmons: Lucille Has Messed my Mind Up* (Straight, 1969)
- *Judy Henske y Jerry Yester: Farewell Aldebaran* (Straight, 1969)
- *Tim Buckley: Blue Afternoon* (Straight, 1969)
- *Alice Cooper: Easy Action* (Straight/Warner Bros, 1970)
- *Tim Buckley: Star Saylor* (Straight/Warner Bros, 1970)
- *Lord Buckley: A Most Immaculately Hip Aristocrat* (Straight, 1970)
  FZ es el compilador y editor.
- *The Persuasions: A Cappella* (Straight/Reprise, 1970)
- *Alice Cooper: Love It to Deat* (Straight/Warner Bros, 1971)
- *Rosebud: Rosebud* (Straight/Reprise, 1971)
- *Tim Buckley: Greetings from L.A.* (Straight/Warner Bros, 1972)
- *Ruben and The Jeats: For Real!* (Mercury, 1973)
- *Kathy Dalton: Amazing* (DiscReet, 1973)
- *Tim Buckley: Sefronia* (DiscReet/Warner Bros, 1973)
- *Tim Buckley: Look at the Fool* (DiscReet, 1974)
- *Ted Nugent and The Amboy Dukes: Call of the Wild* (DiscReet, 1973)
- *Ted Nugent and The Amboy Dukes: Tooth Fang & Claw* (DiscReet, 1974)
- *Grand Funk Railroad: Good Singin' Good Playin'* (MCA, 1976)
- *L. Shankar: Touch Me There* (Zappa Records, 1979)
  FZ produce y coescribe cuatro temas.
- *Dweezil Zappa: Havin' A Bad Day* (Barking Pumpkin/Chrysalis, 1986)

THE GRANDMOTHERS

- *Grandmothers. An Anthology of previously unreleased recordings by
  ex-members of The Mothers of Invention* (Rhino, 1980)

  Temas en solitario de Jimmy Carl Black, Bunk y Buzz Gardner, Don Preston,
  James *Motorhead* Sherwood y Elliot Ingber.

- *Lookin' Up Granny's Dress. An Anthology by The Grandmothers and other ex-members of The Mothers of Invention* (Line Records/Rhino, 1982).

  La mitad del disco recoge actuaciones en Dinamarca del grupo formado en ese momento por Don Preston, Jimmy Carl Black, Tom Fowler, Walt Fowler y Bunk Gardner.

- *Dreams On Long Play* (Muffin, 1993)

  Jimmy Carl Black, Roland St. Germain, Ener Bladeziper, Gerald Smith y Linda Valdmets.

- *Who Could Imagine?* (The Network, 1994)

  Don Preston, Jimmy Carl Black, Bunk Gardner, Ener Bladeziper y Sandro Oliva.
- *The Eternal Question* (Inkanish, 2002)

  Don Preston, Jimmy Carl Black, Walt y Tom Fowler.
- *Happy Mother Days* (NDC Records, 2012)

  Napoleon Murphy Brock, Don Preston, Christopher Garcia, Gahaes the Great y Anon E. Mous.

THE GRANDMOTHERS OF INVENTION
- *Free Energy* (Moms Records, 2018)

  Don Preston, Bunk Gardner, Ed Mann y Christopher Garcia.
- *Live in Bremen* (Sireena Records, 2018)

  Don Preston, Bunk Gardner, Christopher Garcia, Erik Klerks y Max Kuttner.

COLABORACIONES
- *Jean-Luc Ponty: King Kong. Jean-Luc Ponty Plays the Music of Frank Zappa* (Liberty, 1970)

  FZ escribe y arregla cinco de los seis temas y toca guitarra en uno.
- *John & Yoko / Plastic Ono Band: Sometime in New York City* (Apple, 1972)

  Incluye una jam sesión de cuatro temas con Zappa y The Mothers of Invention grabada en el Fillmore East el 6 de junio de 1971.
- *George Duke: Feel* (MPS(BASF, 1974)

  FZ toca la guitarra en dos temas con el seudónimo de Obdewl'I X.
- *Flint: Flint* (Columbia, 1978)

  FZ toca la guitarra en dos temas.

FILMOGRAFÍA

1962. *The World's Greatest Sinner, de Timothy Carey* (música)

1965. *Run Home Slow, de Ted Brenner* (música)

1967. *Mondo sonoro, de Robert Carl Cohen* (aparición de The Mothers)

1968. *Head, de Bob Rafelson* (actor)

1969. *Uncle Meat* (director, guion, productor, música, fotografía adicional) Inacabada

1971. *200 Motels* (codirector, guion, música)

1979. *Baby Snakes* (director, guion, productor, música, montaje)

1984. *Faerie Tale Theatre, episodio* «The Boy Who Left Home to Find Out About the Shivers» (actor)

1986. *Corrupción en Miami (Miami Vice), episodio Payback* (actor)

1987. *Uncle Meat* (documental de Zappa sobre su película inacabada)

1987. *The Amazing Mister Bickford* (codirector, guion, productor, música)

1988. *The True Story of 200 Motels* (director, guion, productor, música)

2015. *Roxie The Movie* (director, productor, guion, música, títulos)

DOCUMENTALES SOBRE ZAPPA

1991. *Peefeeyatko, de Henning Lohner* (también productor)

2003. *Summer '82: When Zappa Came to Sicily, de Salvo Cuccia*

2012. *1982. L'estate di Frank, de Salvo Cuccia* (corto)

2106. *Eat That Question: Frank Zappa in His Own Words/Frank Zappa in Seinen Eigenein worten, de Thorsten Schütte*

2021. *Zappa, de Alex Winter*

BIBLIOGRAFÍA

LIBROS

- Butcher, Pauline, *¡Alucina! Mi vida con Frank Zappa*, Malpaso, Barcelona-México-Buenos Aires, 2016.
- Chevalier, Dominique, *Zappa*, Calmann-Levy, París, 1985.
- Colbeck, Julian, *Zappa. A Biography*, Virgin, Londres, 1987.
- Cosson, Guy, *Captain Beefheart and His Magic Band*, Éditions Parallèles, París, 1994.
- Delbrouck, Christophe, *Frank Zappa-Chronique discografique*, Éditions Parallèles, París, 1994.

- Delville, Michel y Norris, Andrew, *Frank Zappa, Captain Beefheart and the Secret of Maximalism*, Salt Publishing, Cambridge, 2005.
- Des Barres, Pamela, *I'm with the Band: Confessions of a Groupie,* Beech Tree Books, Nueva York, 1988/A Cappella Books, Atlanta, 2001.
- Dister, Alain, *Frank Zappa y The Mothers of Invention*, Júcar, Madrid, 1981.
- Fuente, Manuel de la, *La música se resiste a morir*, Alianza Editorial, Madrid, 2021.
- Gray, Michael, *Mother! The Frank Zappa Story*, Plexus, Londres, 1993.
- James, Billy, *Necessity is… The Early Years of Frank Zappa and The Mothers of Invention*, Saf Publishing, Londres, 2001.
- Kaylan, Howard, y Tamarkin, Jeff, *Shell Shocked. My Life with the Turtles, Flo & Eddie, and Frank Zappa, etc…*, Backbeat, Milwaukee, 2013.
- Slaven, Neil, *Electric Don Quixote. The Definitive Story of Frank Zappa*, Omnisbus Press, Londres-Nueva York, 2003.
- Varios, *Frank Zappa, el desconocido*, Cuadernos Efe Eme, 2021.
- Watson, Ben y Leslie, Esther, *Academy Zappa*, Saf Publishing, Londres, 2005.
- Webb, C.D., *Captain Beefheart: The Man and His Music*, Kosher Pig, 1989.
- Wills, Geoff, *Zappa and Jazz. Did It Really Smell Funny Frank?*, Matador, Leicestershire, 2015.
- Zappa, Frank, *Ellos o nosotros, el libro*, Malpaso, Barcelona-México-Bue nos Aires, 2017.
- Zappa, Frank y Occhiogrosso, Peter, *La verdadera historia de Frank Zappa*, Malpaso, Barcelona-México-Buenos Aires, 2014.

WEBS

- https://www.zappa.com/
- https://www.donlope.net/zappa/index.html (El Tercer Poder)
- http://www.zappa-analysis.com/
- https://www.afka.net/Articles/index.htm
- https://www.zappateers.com

PLAYLIST EN SPOTIFY

Para finalizar, comparto el enlace de una playlist que he creado en Spotify con las canciones que considero fundamentales de Frank Zappa. También puedes escanear el código que hay más abajo.

https://open.spotify.com/playlist/58M8HmMQCDsjJ63pJJ88aD?si=cb214cf1204940b3

En la misma colección:

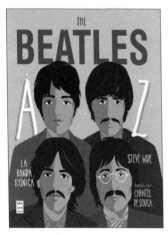

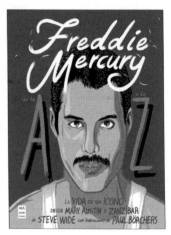

Descubre a través de este código QR
todos los libros de Ma Non Troppo - Música